JE T'ATTENDES

Juliet Dreyfous

Contents

Chapter 1

1. 1. 2

2. 2. 14

3. 3. 36

4. 4. 45

5. 5. 68

6. 6. 76

7. 7. 88

8. 8. 98

9. 9. 111

10. 10. 118

11. 11. 132

12. 12. 148

13. 13. 156

14. 14. 167

15. 15. 188

16. 16. 197

17. 17. 207

À la demande de tous,voici la suite de Yasmine,les yeux ne mentent pas.

Vous voulez comprendre cette histoire,vous devez lire le tome 1.

1.

Minuit quartoze.

-Je suis un bâtard avec tout le monde, aucune différence. Au moins je te le dis à la place de faire zehma que je suis un bon gars

Il a esquissé un sourire faisant apparaître ses deux fossettes. Il tira une bouffée de sa cigarette.

-Et toi tu es une fille à papa

- Non pas du tout

Il commence à rire.

- J'ai rien avoir avec ses filles qui profite de l'argent de leur père.

-J'ai pas dit ça,mais tu crois trop que tous les mecs vont te traiter comme ton père.

Il avait ce sourire malicieux. Il dégageait une de ses assurances,même lorsqu'il fumait, il était élégant dans sa déliquence...

- Mon père m'a appris c'est quoi la dure réalité de la mentalité des hommes t'inquiète même pas

Il recommençait à sourire. Il regardait à droite.

-Tu crois que tu es comme ton père, mais tu as oublié que tu étais une meuf.

- Tu te prends pour qui à me juger comme ça ?!

Il souriait en fumant. Il jette sa cigarette.

-Le roi des bâtards.

Un instant, un instant... Et si on revenait quelques jours plus tôt, enfin...pour que vous suivez.

Depuis que j'ai atteint l'âge de 6 ans, je n'ai jamais appris la signification du mot « Intimité ».

Déjà pour commencer j'ai deux petits frères, des jumeaux qui ne se ressemblent pas d'ailleurs. Ils ont tous les deux 18 ans.

Ma mère a le don de nous rappeler chaque fois qu'on fait une connerie que ses moments de bonheur le plus marquants étaient chacune de nos naissances histoire de bien nous faire culpabiliser.

Donc, déjà on devrait juste être 5 à la maison non ? NON MÊME PAS !

J'ai deux oncles qui squattent toujours la maison, à croire qu'il préfère la notre à le leur. Tonton Mamadou et tonton Sammy.

Tonton Mamadou a 3 fils, dont l'aîné est mon ami depuis sa naissance. Combien de filles se sont fait amies avec moi juste pour pouvoir sortir avec lui...

Tonton Sammy a deux filles et la dernière est encore un bébé.

Au niveau de mes tantes, j'ai Tata Malika, Tata Lyna et Tata Sabrina.

Tata Malika a une fille et un garçon.

Et bon, Tata Lyna, ça va elle est civilisée et discrète.

Ah oui et khalti Sabrina qui est souvent au Maroc, a la fille la plus sensationnelle au monde, Myriam. C'est une de mes meilleures amies.

Sans oublier mes deux grands-mères et mon oncle maternel. Si j'accorde autant d'importance sur ça c'est simplement parce que tout ses gens là restent dans la casa à longueur de journée.

À croire que c'est un lieu culte notre maison.

Yen a marre quand j'ai eu 14 ans et que j'ai acheté mon premier soutien gorge c'est toute la maison qui l'a su, on parle d'une dizaine de personnes. Quand j'ai eu 15 ans et que j'ai aimé un petit garçon pour la première fois, Tonton Mamadou m'a expliqué les relations à l'aide de cuisse de poulet et Tonton Sammy hochait de la tête en arrière comme si c'était normal.

Et je ne vous parle pas de quand j'ai eu mes premières règles.

EN PLUS, je suis la baby-sitter de service chaque fois pour chacun de leurs enfants, personne ne me paye.

Et il y a moi Leïla.Tout le monde me dit que j'ai le caractère de mon père et la « beauté » de ma mère.

Disons que je me suis longtemps trouvée banale. On m'a qualifié pendant ma scolarité souvent comme un garçon manqué. Je me battais toujours dans les cours de récrés et je trainais qu'avec des gars donc je ressemblais à un mec.

Mon père me donnait des cours de foot et de tennis, pas de cours de danse ou de piano.

Il m'a appris à ne jamais laisser tomber quelque chose et que peu importe les obstacles qui mettaient lancés, je devais toujours continuer.

Et ce qui me mène à un sujet important.

Ca fait 4 ans que je suis en relation avec quelqu'un. Il s'appelle Ahmed. Au début, on était que des gamins et même en tant que garçon manqué, il m'aimait bien... allez comprendre pourquoi. À cet âge-là, on ne se tenait à peine la main, on ne faisait que traînait ensemble... rien de sérieux.

Quand j'ai atteint mes 18 ans, ça faisait deux ans que nous étions « ensemble ». J'ai commencé à zehma (genre) devenir plus féminine. La puberté avait fait en sorte que ça va, j'étais mieux qu'avant, pas besoin de vous faire un dessin hein

Plus le temps passait, moins je voulais continuer cette relation, mais je me disais que j'y étais déjà investie alors il ne méritait pas que je le laisse.

Je m'étais dit qu'avec le temps j'allais surement tomber amoureus e... je me suis menti moi-même.

Personne n'était au courant de ma relation avec Ahmed jusqu'à ce qu'on atteigne trois ans de relation. Je l'ai dit à ma mère. J'ai tout de suite compris qu'elle pensait que c'était une relation banale qui allait finir aux oubliettes et au fond je le savais aussi, mais j'avais cette putain de fierté.

Je me suis énervée et je lui ai dit sur un ton d'insolence totale que j'allais rire le jour de mon mariage parce que ce sera lui à côté de moi.

Mais ma mère a le sens de la repartie, alors elle m'a dit : Si tu veux on va rire ensemble quand ton père et moi on va refuser sa demande.

Ma mère savait exactement comment me remettre à ma place !

Je m'écarte du sujet.

Si je vous parle de tout ça, c'est pour que vous comprenez comment les choses en une journée ont pris une de ses tournures.

Dans 3 jours, j'allais avoir 20 ans.

Chaque année c'était la même chose à la maison. La Chine au grand complet à la maison pour fêter mon anniversaire.

Rempli de moment de malaise, de Tonton Mamadou qui raconte des histoires traumatisantes et de pleurs d'enfants.

J'étais allongée dans mon lit en réfléchissant à comment échapper à ça.

Ma mère vient me voir.

- Leïla, Jessica est là

Je lève la tête.

-Ok

-Wech biki ? (Qu'est que t'as)

-Walou... (Rien)

- On va se parler après que Jessica parte...

Jessica c'est ma meilleure amie.

C'est une force tranquille alors que moi je suis un ouragan.

Elle s'assoit sur mon lit.

-Salut toi

-Salut

-Qu'est que t'as comme ça ?

- J'ai pas envie de fêter mon anniversaire à la maison

- Mais dit à ta mère que tu dors chez moi et on sort. Il y a un nouvel endroit en ville, c'est un resto-lounge grave bien

- Ouais… allez pourquoi pas. Je peux pas inviter Momo (le fils aîné de tonton Mamadou), avec sa grosse bouche il va nous balancer sans s'en rendre compte…

-On y va avec Ahmed et c'est tout

-Non je peux pas supporter Ahmed ses derniers temps

-Ah pourquoi ?

-Il calcule trop tout ce qu'il fait, il n'est pas assez spontané

-Ahh c'est dommage… Pourquoi tu n'invites pas ta cousine de 23 ans, Myriam ?

- Ouais je vais l'appeler c'est une bonne idée…

Après que Jessica est partie, je suis allé voir ma mère et je lui ai expliqué que je préférais dormir chez mon amie au calme que le cirque à la maison.

Bizarrement, elle a accepté.

J'avais besoin de ses conseils pour Ahmed parce que j'avoue que ça me tracassait. Alors j'ai continué sur ma lancée.

-Maman est ce que tu as toujours aimé Papa ?

J'étais grave gênée, je ne montrais jamais mes sentiments et je parlais encore moins de ça.

- MAMAMOU, SAMMY, LEÏLA M'A DEMANDÉ SI J'AI TOUJOURS AIMÉ WISSEM

Les trois n'arrêtaient pas de rire.

Pfff maison de fous.

Je suis parti, ma mère a essayé de me retenir, mais elle riait trop.

3 jours plus tard.

Je suis devant le miroir de Jessica et je me regarde dans ma tenue. Un haut blanc et mon jeans taille haute noir. J'étais maquillée et coiffée parfaitement.

Je n'étais pas un mec aujourd'hui, vous voyez ça dépendez de mon humeur.

-Oulalala ce soir Leïla tu joues le grand jeu

- Dans quelques heures je serais en pyjama donc ne t'habitue pas à tout ça.

-Ahh allez on y va j'en ai marre de toi

On a rejoint ma cousine Myriam devant le resto-lounge.

On rentre et il y avait des gens qui mangeaient, d'autres qui discutaient, d'autres qui était assis sur des sofas, d'autres qui dansaient.

On se dirige vers une table. Je dépose mon petit sac à main.

Myriam parlait et quelque chose attire mon attention. Enfin... quelqu'un.

Il y avait un gars avec une capuche noire qui cachait son visage qui s'approchait de deux tables devant nous.

Il y a quelque chose en moi qui me disais de le regarder.

Il relève juste un peu sa capuche et je vois son visage.

Une mâchoire très définie, une barbe taillée sur les côtés, mais qui était légèrement longue, des sourcils épais bien tracés, des lèvres roses pulpeuses et des yeux de couleur olive-vert foncé.

Il était sublime, mais il avait l'air de s'en foutre comme s'il voulait passer inaperçu et moi j'ai le don de remarquer ce qui ne saute pas aux yeux, car j'ai passé ma vie à ne pas me faire remarquer.

Il a senti que je l'ai regardé alors il a commencé à m'observer. Quand nos yeux se sont croisés, c'était bizarre... une impression de déjà vu, une impression que c'était écrit.

J'ai ressenti comme un choc électrique.

-T'es dans la lune et c'est ta fête, viens on va danser !!

Myriam et elle se dirigent vers la piste de danse.

Je m'avance quand on me stoppe.

?! : Mademoiselle, pardonnez-moi, mais tu es trop belle...

-Ca doit être le maquillage mélangé à ta fatigue

Le mec à la capuche m'entend et commence à rire.

Je les esquive et je danse avec Jess et Myriam.

Les filles se font dragués par des mecs et commencent à leur parler.

J'ai décidé de m'éclipser alors je suis sorti et je suis resté dans la ruelle derrière le resto-lounge.

Je respirais profondément.

C'était mon moment de calme.

2 minutes plus tard, j'entends deux mecs crier.

Gars 1 -J'ai besoin de mon argent

Gars 2-Wallah je te la donne dimanche

Gars 1-Tu me dis ça depuis 3 semaines fils de pute

Gars 2-T'as vu ce que tu m'as donné, les mecs du Nord te baisent.

Je les voyais, ils étaient au bout de la ruelle.

C'est pas bien d'être curieuse, mais bon je ne pouvais pas m'empêcher d'écouter.

Le ton montait de plus en plus.

Je les regardais quand soudain je fais un gros bruit avec une roche sur le sol sans faire exprès.

Je n'ai pas eu le temps de réagir que je sens qu'on me prend en me tirant vers l'arrière en me mettant une main sur ma bouche.

Je me débattais.

On me chuchote dans l'oreille.

-Tais-toi, c'est des mecs calibrés, tu veux mourir ?

Je tourne ma tête et je vois le mec à la capuche de tout à l'heure.

Il me lâche.

Il allume une cigarette.

Il me regardait pendant qu'il fumait. Il avait un regard très profond.

-C'est la première fois que tu viens dans un endroit comme ça hein

Il tenait sa cigarette.

-Non.

-Je vois l'étiquette de ton haut, tu l'as acheté pour ce soir ?

Il avait un petit sourire au coin. À chacune de mes réponses, il fumait machinalement.

-Non ça fait grave longtemps que j'ai ce haut

-Pourquoi tu fais ta complexée ? Assume, c'est tout.

- Et pourquoi toi tu fais ton connard ?

-Je suis pas un connard

-Assume c'est tout.

-Je suis pas connard, je suis un bâtard

- C'est bien d'être comme ça avec les gens que tu viens juste de rencontrer...

-Je suis un bâtard avec tout le monde, aucune différence. Au moins je te le dis à la place de faire zehma que je suis un bon gars

Il a esquissé un sourire faisant apparaître ses deux fossettes. Il tira une bouffée de sa cigarette.

-Et toi tu es une fille à papa

- Non pas du tout

Il commence à rire.

- J'ai rien avoir avec ses filles qui profite de l'argent de leur père.

-J'ai pas dit ça, mais tu crois trop que tous les mecs vont te traiter comme ton père.

Il avait ce sourire malicieux. Il dégageait une de ses assurances, même lorsqu'il fumait, il était élégant dans sa déliquence...

- Mon père m'a appris c'est quoi la dure réalité de la mentalité des hommes t'inquiète même pas

Il recommençait à sourire. Il regardait à droite.

-Tu crois que tu es comme ton père, mais tu as oublié que tu étais une meuf.

- Tu te prends pour qui à me juger comme ça ?!

Il souriait en fumant. Il jette sa cigarette.

-Le roi des bâtards.

Je le regardais, mais je n'ai rien dis.

Mon phone a commencer à sonner, c'était Jessica.

Je réponds sous le regard du mec à la capuche.

-T'es où ?

- J'ai voulu prendre une marche dehors

-Il n'y a que toi pour faire ça, on voulait rentrer, tu veux rester ou... ?

-Non je veux grave rentrer.

-D'accord on se rejoint devant !

Je raccroche et il me regarde encore.

-Tu portes mal ton prénom

- De quoi tu parles ?

-Tu n'es pas une fille de nuit ça paraît

Il me pointe mon collier oû mon nom en arabe y est inscrit. Pour ceux qui ne le savent pas, Leïla veut dire nuit en arabe.

Je l'ai longuement regardé et je suis partie.

1 heure plus tard.

On était dans la chambre à Jessica avec Myriam, allongées sur son lit.

- Alors, ça fait combien de temps vous êtes ensemble ?

-Euhh 4 ans

-Wow et tu n'as rien fait avec lui hein.. ?

-Euh nan on s'embrasse des fois, mais voilà...

-Attends pendant 4 ans, il t'a jamais poussé à faire un truc ou il n'a jamais descendu sa main sur ton corps ?

- Euh non.

- Et il t'a jamais trompé ?

- Je crois pas, j'ai tout son horaire et je pourrais vérifier, mais j'ai pas la motivation

-Limite tu sortirais pas avec il y aurait aucune différence

- Mais non

- Fait attention, tout le monde se fait tromper aujourd'hui

-Ouais bah c'est moi et personne d'autre ou le reste de la planète sauf Leïla.

- Je suis d'accord avec toi hein, mais prends le pas mal, mais tu es la première fille en couple qui me fait pas rêver, limite tu me fais apprécier mon célibat !

2.

2 mois plus tard.

Les vacances d'été pour moi avaient officiellement commencé et j'allais pouvoir commencer à trouver un emploi.

J'avais beaucoup de chance parce que Tonton Sammy était propriétaire de 3 kebabs et m'a proposé de travailler dans celui de l'ancien quartier de mon père.

C'était le plus proche de la maison et en plus, il y avait deux autres filles qui travaillaient là donc c'était ok.

Je me préparais pour travailler. Couette de cheval, maquillage simple, un t-shirt noir et un pantalon noir.Voilà.

Je fermais mon sac et ma mère m'a déposé devant le resto.

Je rentre et tonton Sammy m'explique les bases et pour l'instant, je vais que nettoyer le kebab et avec le temps, j'allais devenir une caissière.

4 heures plus tard.

Je nettoyais le comptoir quand je remarque un groupe de rebeu, de turcs et de renois dans le fond du kebab. Il riaient et tout.

Je ne leur accordais pas vraiment d'importance quand je remarque quelque chose..Enfin quelqu'un.

L'un d'entre eux, c'était le mec à la capuche de mon anniversaire. Je l'avais pas revu depuis...

Cette fois-ci, il n'avait pas sa capuche. Il avait des cheveux bruns, une belle coupe à l'italienne. Il avait une veste bomber avec encore sa capuche en dessous. Il s'habillait décontracté, mais stylée. Il était discret, mais il avait ce petit quelque chose.

Je le fixais quand il a remarqué que je le regardais.

J'ai fais zehma que je regardais ailleurs et j'ai fait tombé un verre d'eau sur le comptoir, évidemment.

Je lève les yeux et je le vois mettre sa main sur sa barbe et sourire.

Je finissais de travailler dans 10 minutes. Je suis allé en arrière comme si j'avais un truc d'important à faire.

J'avais demandé à Ahmed, mon copain, de venir me chercher. Ahmed c'est un bourgeois, il venait d'une famille qui avait de l'argent et il aimait bien s'habiller très classe. Il avait 2 ans de plus que moi. On était très différent.

Je suis sorti derrière le resto en attendant Ahmed.

Le troupeau de tout à l'heure décide de sortir par en arrière aussi...

J'étais accoté contre un mur quand je vois Ahmed arriver avec sa BMW.

Il sort de sa voiture et vient vers moi.

-La journée s'est bien passée ?

-Ouais tranquille

-Les toilettes ici ne sont pas trop sales ?

Il est sérieux à juger le kebab de mon oncle...

- T'es sérieux ?

-Ouais je veux pas attraper un truc

Je sentais qu'on nous regardait.

- Je les ai nettoyés, vas-y

Il rentre dans le kebab.

Je me retourne et je vois le mec à la capuche en train de me regarder en train de sourire.

-Il le sait ?

-Que quoi ?!

-Que tu ne l'aimes pas ?

- De quoi je me mêle ?

Il a commencé à rire.

?! : CHEMS ALLEZ ON BOUGE

Donc, il s'appelait Chems.

Il me fait un clin d'œil et il rejoint ses potes.

Une semaine plus tard.

-Ahhh ça y'est, c'est la première semaine de travail pour Leïla

J'ai commencé à sourire.

Ma mère souriait et se grattait le bras. Je reconnaissais ce tic nerveux.

-Non tata ne me dit pas que tu as amené Raven pour que je la surveille ?

-J'aime bien ta fille elle est intelligente !

- Mais je travaille !

- Mais tu travailles chez Sammy, c'est comme une deuxième maison pour toi, c'est rien de très sérieux

Je vous explique sa fille, elle est née avec un regard d'insolente. Elle a 8 huit ans et je n'ai jamais vu une gamine avec autant d'attitudes. Tonton Mamadou ne peut pas la regarde dans les yeux pendant plus que 5 secondes parce qu'il dit qu'il se sent jugé.

- J'ai pas le choix d'accepter ?

-Tu comprend vite hein

Mon père a déposé Raven et moi devant le kebab. Elle avait une de ses têtes. C'était une vraie mini beyoncé.

Elle va s'asseoir sur la table la plus proche de la caisse et commence à colorier.

Je dépose un jus et des frites quand je sens une présence proche de moi.

Je vois Chems habillé avec un uniforme de mécano, avec son nom écrit en bleu foncé en haut de sa poche gauche.

-Salut

- Tu fais quoi ici ?

-Tu agresse même le matin toi

Il avait son petit sourire au coin.

Il regarde Raven et il me regarde moi. Elle lui faisait un regard de tueuse !

-C'est ta fille ? Elle est exactement comme toi !

J'allais répondre quand Sammy nous rejoint et passe sa main sur le dos de Chems.

-Ah t'es venu ! Viens je vais te montrer ma voiture, ça fait une semaine qu'elle déconne.

Tonton Sammy et Chems quittent le kebab.

5 minutes plus tard, Sammy revient.

- C'était qui ? Comment tu le connais ?

-Ahh c'est le mécano, je l'ai appelé pour qu'il répare ma voiture. C'est un fils à un de mes potes donc je profite un peu hein

- Comme tu profites avec moi pour que je surveille tes enfants.

-Tu as tout compris, c'est bien d'économiser ! Pourquoi tu cherch-es à savoir, tu le connais ?

Il me regardait vous savez avec l'air sévère, genre tu as trois secondes pour me répondre.

- Je me suis dit comment tu peux traîner avec un jeune, tes vieux

-Tu sauras qu'à ton âge toutes les filles faisaient la file pour me parler, même ta mère m'a aimé en secret !

- Euhh... Tonton Mamadou m'a sorti le même mensonge.

Sammy:Lui il ment, pas moi.

- C'est ça oui.

Deux semaines se sont écoulées et je croisais des fois Chems au kebab. Mais il faisait ses trucs et ne m'occupait pas.

Bizarrement je commençais à avoir un comportement étrange. Je faisais plus attention à l'apparence de mes cheveux et chaque fois que je le voyais je devenais un peu excité, nerveuse et distraite.

Je me suis dit Leïla tu deviens folle, ressaisie toi !

Entre temps, il y a une nouvelle qui a commencé à travailler au resto, c'était une italienne. Elle s'appelle Lena et perso, ce n'était pas ma meilleure amie. Elle agit trop comme une princesse et moi je traîne qu'avec des mecs ou des filles avec une mentalité de mecs. Pas de prise de tête vous voyez ?

Un jour, alors que je remplissais mes pots de ketchup, j'entends Lena rire hyper fort.

Je continuais ma tâche quand j'entends une conversation qu'elle a avec un client qui attire mon attention.

Lena -Alors c'est quoi ton genre de fille ?

-Et c'est quoi le rapport avec mon sandwich ?

Je tourne ma tête et c'est Chems qui avait l'air énervé.

Lena -C'est pour faire la discussion c'est tout...

-Il me reste 10 minutes à ma pause, j'ai la dalle, est-ce qu'il va falloir que j'aille en cuisine me le faire moi-même ou je dois de parler de conneries avant de me faire servir ?

Le roi des bâtards en pleine action.

Lena bégayait.

J'avais mis un kebab de côté pour mon dîner et je décide de lui donner parce qu'il allait arracher la tête de Lena.

Je m'avance.

- Tiens, tu payeras plus tard.

Il me regarde, il le prend et bouge.

Monsieur avait grave les nerfs aujourd'hui.

30 minutes plus tard, j'entends Lena parler de Chems avec Nourhan.

Lena-Et c'est quoi son genre de fille ?

Nourhan-Je sais pas, c'est un mystère ce gars, je l'ai jamais vu avec une fille. Personne ne sait grand-chose de sa vie, il fait tout en soum soum tu vois ?

Lena-Soum soum ?

Nourhan-Genre il est grave discret

Lena-Je dois trouver un moyen de le revoir tu vois

Nourhan-J'ai entendu ses copains dire qu'ils allaient tous à la grosse fête de plage demain soir

Lena-On y va !

Nourhan-Juste nous deux ? On va avoir l'air de quoi...

Lena : Leïla tu fais quoi demain soir ?

Moi je fais zehma celle qui n'écoutait pas.

- Hein quoi ?

Lena -Demain ça te dit avec Nourhan la fête à la plage ?

Nourhan-Invite quelqu'un !

-Euhh je vais y penser

Nourhan-Non je connais ce regard, viens !!

-Mhmm bon d'accord.

Je prends mon phone et j'invite Momo (le fils de Tonton Mamadou).

Vendredi soir, 18 h.

Je suis dans ma chambre à essayer de me trouver quoi me mettre.

Je remarque que j'ai une longue robe de plage de couleur émeraude. Pourquoi pas ? Je ne la mets jamais.

J'embrasse ma mère qui sait que je vais passer la soirée avec Momo et je me dirige dans sa voiture.

-J'espère qu'il y aura des belles filles

- Reste tranquille

On arrive sur les lieux et on rejoint Lena et Nourhan.

Je vois Chems avec ses amis. Un de ses amis fait un signe à Lena de venir vers eux.

Momo s'éclipse pour draguer.

Je n'étais pas à l'aise alors je leur dis que je les rejoindrais plus tard.

Je m'assois au bord de l'eau et je fais des trous dans le sable.

- Comment va ton hlel ? Il est pas venu aujourd'hui ?

Je lève ma tête et je vois Chems.

Il avait un gros sourire moqueur et sa fidèle cigarette dans sa main droite.

-Il va bien merci.

-C'est pas son genre d'endroit ? Le fils à ses parents voulait pas salir ses pantalons ?

- Mais qu'est que tu racontes encore ?

-Tu as vu sa tête ? C'est écrit imbécile en rouge sur son front

Je voulais rire parce qu'il avait un rire contagieux et Ahmed me saoulait beaucoup ses derniers temps.

-Tu ne vas pas finir avec un imbécile comme lui, il a l'air d'un psychopathe. Le genre de mec qui frappe sa femme parce qu'elle a oublié de mettre du sel dans un plat.

- T'es sérieux ?! Tu as des problèmes... et toi elle est où ta hlel ?

-Moi, avoir une hlel ? ahaha

Il sourit en regardant la mer.

-C'est quoi déjà la définition universelle d'une vraie femme aujourd'hui ?

Je commence à réfléchir pour bien lui répondre.

-C'est ça tu vois tu y réfléchis hein pour pas dire n'importe quoi ? Maintenant, dis-moi une femme de mon âge qui aurait au moins trois des choses que tu avais dans la tête.

Il prends une bouffée de sa cigarette.

-Exactement, il n'y en a aucune.

Il jette sa cigarette dans l'océan.

- Ta mère n'a pas ton âge, mais elle tu la considères comme une femme, une vraie ?

Il commence à sourire.

Il allume une autre cigarette.

-Ma mère

Il avait un rire jaune.

- C'est quoi tu n'aimes pas les femmes ?

Chems regarde le paysage.

-Les femmes c'est trop casse-tête

-Ça t'intéresse pas ?

-C'est pas que ça m'intéresse pas, mais je m'en bats les couilles, c'est même pas dans ma tête

-Tu veux pas te marier un jour ?

Chems commençait à sourire.

-Déjà qui voudrait se marier avec fou comme moi ?

Il prend une bouffée de sa cigarette.

-Tu veux pas des enfants plus tard ?

-Comment un gosse peut avoir des gosses ?

- Tu es toujours aussi pessimiste ?

-Je suis réaliste, j'aime pas me mentir à moi même

Il gardait toujours son sourire et il s'assoit à côté de moi.

Ses yeux avaient la couleur de l'herbe foncé.

Je vois Momo se promenait proche de nous. Il s'appelle et check Chems.

Momo-Bien ?

-Tranquille

- Vous vous connaissez ?

Momo-Ouais c'est un de mes voisins

Chems continue à fumer.

Momo-D'ailleurs tu diras Mabrouk (félicitations) à ton père pour son mariage, mon père me l'a dit.

Chems sourit.

-Ya rien dans cette connerie de mariage qui mérite des félicitations

Momo-Kho arrête, tu as une belle mère maintenant

-Tu l'a vu ? Elle me fait penser à elle d'ailleurs

(il pointait Lena qui riait comme une conne chaque fois que l'eau touchait son corps)

Momo riait.

-Ton père est heureux c'est ça l'important non ?

-Si tu veux

Il dit ça avec un sourire narquois.

Momo-Mais comment vous vous connaissez ? Attention

Chems, le bâtard me regardait avec un sourire.

-Raconte lui bébé

Momo-Bébé ??? Vous êtes ensemble ?

J'ai regardé de travers Chems.

- Il dit n'importe quoi, c'est un client chez Sammy c'est tout.

Le lendemain à 11 h.

Je me lève et je vois que j'ai un message d'Ahmed.

-J'arrive dans 20 minutes à l'arrêt de bus, ça marche ?

Oh putain, j'avais complètement oublié que je devais le voir aujourd'hui.

Je lui réponds que dans 40 minutes ça serait mieux.

Il m'a répondu d'une manière très sec.

Pff il est sérieux, moi je n'ai pas de voiture comme lui.

J'enfile n'importe quoi, legging-pantalon et sweat-shirt. Je m'en foutais réellement.

40 minutes plus tard, il est là dans sa BMW à m'attendre.

J'ouvre la portière et je m'assois.

-Salut

-T'es sérieuse avec la manière de t'habiller ?

- C'est quoi le problème ?

-On dirait tu as mis les vêtements que tu mets quand tu sors de la salle de sport

- Et tu t'attendais à quoi ? Poupée barbie anaya (ça veut dire genre moi) ?

-Mets de l'effort je sais pas

- Tu savais comment j'étais depuis longtemps, t'es pas content ? je m'en vais.

J'avais la main sur la poignée.

-Arrête, viens on va manger ça fait depuis longtemps que j'ai réservé là-bas, oublie ce que j'ai dit

Je l'écoute même pas. Je branche mon téléphone à la radio de sa voiture et je mets du ASAP ROCKY à fond la caisse.

Je savais qu'il détestait ça.

On arrive au resto et c'est un truc vraiment chic. J'ai l'air d'une folle habillée comme ça.

Moi j'aurais préféré manger un truc indien ou bien arabe.

J'ai pris le truc le moins cher parce que je savais que ça allait être la guerre entre nous et qu'il finirait par tout payer.

Je mangeais tranquille quand il devient tout sérieux.

-Leïla, ça va faire 5 ans qu'on est ensemble l'année prochaine.

-Mhm hmm

-Inch'Allah on va se marier quand j'aurais finis ma maîtrise à l'université. C'est bientôt... et tu sais juste après je vais recevoir mon héritage donc tu n'auras pas à travailler.

Je me suis étouffé avec mon spaghetti en entendant sa dernière phrase.

-Quoi que quoi ?

-On n'aura pas besoin de ton salaire, donc tu peux arrêter tes études d'architecture, ça sert à rien

-Et qu'est que tu fais de l'importance de l'éducation chez la femme autant que chez l'homme ? Et moi si j'ai envie de travailler ? Si j'ai des ambitions et des rêves ?

-Baisse le ton, je rigole pas tout le monde nous regarde.

-Bah qu'il nous regarde, ils doivent se dire regarde le garçon manqué et LE CON RICHE.

J'ai pris mon sac, j'ai jeté de l'argent sur la table pour payer mon repas et j'ai pris le bus jusqu'à chez moi.

J'étais dégoûtée.

Dès que je rentre chez moi, je ne salue personne et je vais direct dans mon lit.

Ma mère me rejoint deux minutes plus tard en train de manger un cornet de crème glacée.

-Boy trouble ? (en anglais ça veut dire genre problème avec un garçon ?)

J'ai tout de suite souri parce qu'elle imitait une de mes actrices préférées dans une série.

Elle s'assoit sur mon lit.

-Mauvaise journée voilà

-Mhm tu sais quand j'avais ton âge je suis tombé amoureuse et j'étais sure de mon coup...

-Pourquoi tu me dis ça ?

-Je connais ce regard, ah oui je l'ai eu moi aussi juste avant que je m'en rendre que je n'étais dans rien de bon

-Maman, Ahmed j'en suis pas amoureuse

-Moi je sens un truc, je n'ai pas un bon présentement

-Comme quoi ?

-Ce garçon va te faire du mal

-Ahmed ne va pas faire du mal, il est trop femmelette pour ça

-Mets un terme à tout ça et au plus vite.

Je me suis endormie et quand je me suis réveillé j'ai trouvé au moins 56 appels manqués et plein de messages.

-Leïla...

-Réponds

-RÉPONDS

- ?!!??

Plein de trucs du genre.

Mais le dernier message était différent.

-J'ai parlé à mes parents, on doit vraiment parler

Et voilà qu'il m'appelait encore !

Je réponds.

- Tu veux quoi ?!

-C'est maintenant que tu décides de me répondre

-Pfff je vais raccrocher

-NON j'ai parlé à mes parents et c'est eux qui m'ont retournés le cerveau pour que ma femme reste à la maison... alors hier je leur ai dit que ça fait 4 ans que j'étais avec toi et que tu allais devenir une architecte et que c'est seulement qu'avec toi que je voulais me marier.

Si vous n'avais jamais été dans des relations de 3 ans ou plus, c'est vraiment difficile de comprendre comment je pouvais rester avec lui, la seule manière que je peux vous l'expliquer c'est imaginé qu'on vous enlève votre meilleur ami/e, on devient habitué des gens et c'est comme s'ils faisaient partie de votre famille.

-...

-Ils veulent que tu viennes manger ce soir à la maison pour te rencontrer

-Ahmed....

-J'essaie d'arranger les choses, le plus vite mes parents te connaissent, plus tôt on se mariera

-Je sais pas.

-S'il te plait Leïla fais le pour moi, pour nous

Je savais qu'il n'allait pas lâcher l'affaire alors j'ai dit oui.

J'ai appelé Jess direct pour qu'elle me couvre si jamais on lui demande elle fait quoi ce soir et bah, qu'elle dise qu'elle est avec moi.

J'ai fait un effort vestimentaire.

J'avais de la chance, il n'y avait personne à la maison, tout le monde était au match de foot de mon frère Aymen.

Je me mets un pantalon classe, une chemise blanche et un blazer.

Maquillée, coiffée zehma.

Et des talons genre de 2 centimètres genre des plateformes comme ça si ça trouve à être la Famille Adams je cours frère.

Il est venu me chercher dans une allée proche de chez moi et il était content que je m'étais habillée en conséquence.

Je n'étais jamais allé chez lui, mais j'avais l'impression déjà qu'il avait une grosse maison.

Son père est algérien et sa mère libanaise.

Sa mère venait d'une famille « d'aristocrates », je dis ça, mais je ne sais même pas de quoi je parle. En gros, le père de sa mère avait une grande compagnie internationale de viande halal qui se vendait bien dans plusieurs pays arabes.

Et la mère d'Ahmed avait une grande partie des bénéfices.

Elle faisait partie des grosses têtes de l'administration.

Dès qu'elle a eu Mehdi (le grand frère d'Ahmed), elle a décidé d'arrêter de travailler, mais de continuer à gagner ses parts via l'entreprise de son père.

Mais personnellement j'ai toujours eu un petit doute au niveau de cette famille, on dirait il y avait trop de secrets...

J'arrive et c'était une énorme maison.

Je ne me sentais pas à l'aise.

Ma tête:Cours il est encore temps. Déménage en Chine et rase-toi la tête.

-Viens

Je le suis à contrecœur

Je trainais des pieds.

On rentre et c'était magnifique. Le genre de maison que tu pourrais même pas rêver d'avoir.

Je regarde l'entrée et sa porte était plus belle que moi carrément.

-Je reviens et je vais chercher mon père et ma mère.

Je regarde le hall et il y a d'Ahmed quand il avait 10 ans.

Flackback — 4 ans plus tôt.

J'étais Leïla le mec et ça me complexait que tout le monde me vît comme un garçon manqué.

Des fois je voulais être jolie et féminine comme les autres, mais je ne savais pas comment m'y prendre.

Si un mec me parlait, on m'adressait en m'appelant « kho ».

C'était un peu avant l'été et Ahmed c'était un pote vite fait. Mais c'était le seul à me traiter comme une fille, jamais de « kho » ou de « frère ».

Tout le monde se moquait de lui parce qu'il était gros.

Perso, je n'aime pas me moquer des gens encore moins pour quelque d'aussi stupide que leur physique.

Un jour, il y avait cette fille qui n'arrêtait de rire de lui. Elle lui a dit et je me souviens très bien : Si ça ce trouve tu n'es qu'un bâtard, heureusement que la pute qui a baisé ton père était plein aux as.

Je n'ai pas réfléchi, j'ai sauté sur elle.

J'ai eu des retenus après l'école pour deux mois complets.

Quand j'ai tout expliqué à mon père, il n'a rien dit et il a dit à -" ta fille a fait quelque chose de mal pour quelque chose de bien ».

Après chaque retenue, Ahmed m'attendait devant l'école et faisait le chemin avec moi.

Qu'il pleuve ou pas, il était là.

Après un certain temps, il est devenu un bon ami à moi, on passait du temps ensemble.

Il m'a dit un jour comme quoi il détestait rester chez lui, il se sentait comme la honte de sa famille.

Il disait comme quoi des fois il avait l'impression que sa mère agissait comme ci se n'était pas son vrai fils, etc.

Alors, j'ai commencé à le motiver.

Lui dire qu'il ne devrait pas se faire marcher sur les pieds.

Le dernier jour d'école avant les vacances d'été, on marchait au parc et il m'a dit un truc qu'aucun homme à part mon père ne m'avait dit.

– Leïla, tu es belle

Quand tu as 16 ans, que tu te sens mal dans ta peau, que ta puberté est en plein travail et que pendant toute ton adolescence on t'a traité de mec, ça change beaucoup de l'habitude.

Je ne savais pas quoi dire alors j'ai juste souri en baissant ma tête.

Il m'a alors posé la question fatidique.

– Tu veux qu'on se mette ensemble ?

Je ne savais même pas ce que ça voulait dire.

Il n'était pas le plus beau de tous, mais je l'aimais bien. J'aimais bien comment il me faisait sentir.

Alors, j'ai dit oui.

Il est parti au Liban tout l'été et quand il est revenu, il avait perdu du poids.

Pas tout son poids de trop, mais une bonne partie.

Il était devenu plus beau, mais il était encore aussi hnine avec moi.

Avec lui, ce n'était jamais compliqué.

Après deux ans de relation, Ahmed est devenu vraiment beau et musclé alors sa personnalité en a pris un coup.

Il commençait à me saouler, mais pas autant qu'aujourd'hui.

Moi je n'avais pas changé et je pense que c'est ça qui l'a toujours dérangé au fond de lui.

Il voulait que je devienne poupée Barbie.

Il me disait souvent Leïla, tu es magnifique imagine si tu mettrais ça ou ça, tu serais une bombe.

Il voulait trop qu'on soit le couple de beaux gosses, mais tu me prends comme je suis frère.

Bref, les choses se sont dégradées et maintenant, je reconnais plus Ahmed.

Fin du flashback --

– Leïla ?

Je me retourne et je vois Ahmed avec son père.

Il était beau son père sans vous mentir. Pour un homme de 45-50 ans, il avait beaucoup d'allure.

Je lui serre la main.

Son père- Alors c'est elle la grande architecte ?

- Oui la future inch'Allah

Son père a commencé à sourire et avait un regard très insistant sur moi.

Et sa mère rentre dans le hall.

Dès que je l'ai vu, mon dos a commencé à suer.

Elle avait une grande classe, mais elle dégageait un de ses truc… je ne sais pas j'aimais pas. Elle m'a regardé de haut en bas.

Sa mère-Bonsoir.

J'arrive pour lui faire la bise et je sens comme un dédain de sa part. Au début j'ai cru que c'était dans ma tête, mais après elle m'a prouvé qu'au contraire, le message avait bien passé.

Sa mère-On passe à table, Samira a passé toute la journée en cuisine.

10 minutes plus tard, on est assis à une table trop grosse pour 5 couverts.

Son père fait un peu la discussion. Il parlait des situations politiques et économiques des pays arabes.

J'écoutais, mais je trouvais cette situation lourde.

Je mangeais grave discrètement et je savais déjà qu'après j'allais courir dans ma cuisine et mettre ma tête dans le frigo.

Sa mère-Leïla, alors qu'est que tu prévois comme futur avec mon fils ?

- Je sais pas, je voulais à la base finir mes études avant et ensuite, on aurait pu décider ensemble

Sa mère- Finir tes études ? Il te reste 4 ans ? Tu ne penses pas qu'Ahmed veut être père avant ses 30 ans ?

Mais elle est sérieuse...?

- Sans vous manquez de respect Madame, mais je ne pense pas vraiment aux enfants, moi même je suis encore une enfant

Sa mère- Alors tu considères te marier avec mon fils, mais tu ne penses pas aux devoirs que tu as en tant qu'épouse ?

-Non, mais (elle me coupe)

Sa mère- Pourquoi continuer tes études, tu penses qu'ils vont laisser une algérienne bâtir leurs édifices ?

Le pére:Amina !

Sa mère-C'est vrai ! Et si un jour, ils y trouvent une faille, ils vont directement mettre la faute sur toi. Tu vas te retrouver avec un dossier associé à ton nom et tu vas te retrouver sans emploi, sans rien.

Ahhh j'avais chaud je voulais lui lancer la soupe à cette sorcière.

Sa mère-Avec Ahmed tu n'auras jamais ce problème, il va subvenir à tous les besoins.

D'ailleurs, ce con ne disait rien.

Par respect, je ne disais rien... pas encore !

Sa mère-Ahmed m'a dit que ta mère est une professeur... Je comprends que tu n'es pas était habituée à vivre comme tu le souhaites, mais en te mariant avec mon fils tu n'auras jamais ce problème.

OH NOOON.

Je me lève parce que je devais bouger mon corps.

- Ma mère m'a tout donné. Son cœur, son amour, sa protection et son support. El Al-ḥamdu lillāh, j'ai des parents en or, vous pouvez dire ce que vous vous voulez sur moi, mais on ne parle pas de ma mère. Elle m'a toujours tout donné et même plus.

Je me dirige vers la porte pour sortir.

Quand je croise son grand frère. Souvenez-vous de lui.

Un grand brun aux yeux marron clair.

Je me suis tellement dépêché que je n'ai pas eu le temps de lui dire quoi que ce soit.

Il était supposé manger avec nous...

Je sors et je cours vers un arrêt de bus.

40 minutes plus tard, je suis proche de ma maison.

Je rentre et il y avait toujours personne chez moi.

Je vais direct dans mon lit.

Je m'endors même s'il est 20 h et avant de m'endormir, bizarrement j'ai pensé à Chems.

Au beau milieu de la nuit, je pense, il était 3-4 h du matin. La vibration de mon téléphone me réveille.

Je vois que j'ai un message.

-Sors je suis devant chez toi.

Je réponds : OK j'arrive

Et je me rendors

IL A CRU QUOI.

Il se croit dans une chronique « thug love à la cité » celui-là.

3.

Je me réveille le lendemain et je lis les messages enragés de Ahmed comme un roman intéressant.

Pour celles qui s'étaient dit, mais tu n'as pas peur qu'il sonne chez toi ?

Non il avait trop peur de mes frères surtout de Seif.

Mes deux frères jumeaux sont deux pôles opposés. Disons que je suis un plus proche de Seif, on se rejoint sur beaucoup de choses.

Aymen a vraiment le caractère doux de ma mère. Seif c'est le genre de mec très intelligent, charismatique, mais très borné.

Revenons aux messages avec Ahmed.

Je lui réponds : Je veux une pause.

Ahmed était grave énervé alors je lui ai dit que c'est sa mère qui devait être contente.

Il m'a dit qu'il ne comprenait pas ma réaction.

J'ai arrêté de répondre et j'ai décidé de le laisser s'énerver contre lui même.

1 semaine plus tard.

C'était le mariage de mon oncle Malik.

Mes deux frères étaient déjà chez mes grands-parents. Je devais bouger juste qu'avec mes parents NORMALEMENT, mais Sammy a décidé de nous laisser sa petite de 6 ans parce qu'il disait qu'il y avait pas de place dans sa voiture. Il avait acheté un mini frigo à mon oncle Malik comme cadeau de mariage et ça avait pris une place complète.

Sa petite elle s'appelle Dilara et cette gamine a toujours faim et quand elle a faim, elle crie et pleure.

J'étais prête et bien mise. J'avais mis une longue robe bleu clair simple et dans mon sac, j'avais une robe traditionnelle. On étais tous dans la voiture quand Dilara commence à crier.

-J'AI FAIM !!!

-Tiens j'ai des biscuits,dit-ma mère.

-NON JE VEUX PAS

-Ils lui donnent quoi à cette gamine d'habitude ?,dit-mon père.

-Imagine ils lui donnent un kebab tranquille

Mon père et moi, on commençait à se sourire et après on a réalisé en même temps qu'avec Sammy comme mon père c'était très probable.

-Je te donne de l'argent tu vas lui en acheter un.

-Mais maman je suis en robe et en talons ! Je vais pas acheter un sandwich pour une gamine de 6 ans quand même.

- Tu veux passer le trajet avec ça comme bruit de fond ?

Elle pleurait grave fort, c'était horrible.

Mon père nous conduit vers le kebab de tonton Sammy.

Ma mère me donne l'argent et j'y rentre.

Nourhan mangeait un truc et quand elle m'a vu, un morceau de viande est tombé de sa bouche.

- C'est toi Leïla ?!

- Oui malheureusement

-Tu va où comme ça ? Même pas tu m'invites ?

Ça ne fait même pas deux mois que je la connais et je sais juste son nom.

-Écoute je vais pas faire zehma que j'aurais du penser à t'inviter à un truc de famille, j'ai juste besoin d'un sandwich pour ma cousine !

Tout le monde était habitué à ma franchise que ça ne les choquait même plus.

-Mini beyoncé ?

- Une autre tient (je lui mets l'argent sur la table.)

Je me retourne et je me dirige vers une table pour m'asseoir et je vois un mec en train de me regarder.

Ce mec est connu pour être horrible avec les filles. Le genre de mec qui a 1500 amis sur Facebook et le 3/4 c'est des meufs vous voyez le genre.

C'était un espagnol-algérien et chaque fois que je le vois, je regarde ailleurs.

Il s'appelait Djibril, je crois.

Il était assis avec deux gars que d'ailleurs je n'ai pas vraiment regardé.

-Mademoiselle ! Oh mademoiselle !

-Bye.

J'entends un de ses amis rire et je m'assois plus loin.

?? : On brise le cœur de Djribil en loulou et boutin ?

Je lève ma tête et je vois Chems en train de manger un chewing-gum en souriait.

Il était grave beau ce con.

Il portait le bas de son uniforme de mécano et une camisole blanche.

Il avait des taches noires partout sur ses vêtements. Il avait de ses bras musclés Mama.

Je ne sais pas pourquoi, mais j'étais vraiment contente et soulagée de le voir.

-Ahh il m'énerve, on parle pas comme ça à une femme

-C'est Djibril hein faut pas trop chercher loin avec lui

Il me regarde avec un sourire moqueur.

-Qu'est t'as ? Je te trouve plus mal à l'aise que d'habitude avec moi aujourd'hui.

-Mais de quoi tu parles ? C'est juste que je ne suis pas à l'aise habillé comme ça ici c'est tout.

-Pourquoi t'es en robe ? Tes habits normaux te vont beaucoup mieux.

Mon cœur a fait boum boum puissance 1000.

Il a plissé ses lèvres et il a réalisé qu'il venait de me complimenter et ce n'était pas très « roi des bâtards « de sa part.

-Inch'Allah tu tombes avec tes talons j'ai envie de rire un peu

-Inch'Allah j'écrase tes pieds avec mes talons

Nourhan-LEÏLA TON SANDWICH

Je me lève et il se tient devant moi à quelques centimètres.

J'allais tomber dans les pommes, il avait un de ses regards.

2 HEURES PLUS TARD.

On est chez mes grands-parents.

Dès que j'ai vu la mariée, j'ai eu un choc.

Elle s'était mise en mode gâteau de mariage.

La tenue et le maquillage. Si vous avez assisté à des mariages arabes, vous pouvez peut-être savoir de quoi je parle.

Vous savez quand la mariée... ils en ont fait un gâchis à la tartiner de maquillage et sa robe on aurait dit un énorme cupcake.

Mais après chacun ses délires, elle avait juste pas l'air de se sentir bien...

Elle s'appelait Kenza, une très belle Marocaine Tunisienne.

Bref, juste avant de quitter pour la salle, je suis allé dans l'ancienne chambre de ma mère pour regarder mes messages.

Je vais sur Facebook.

Mhmm, je me demande si Chems a Facebook...

Je tape Chems et le premier que je vois c'est :

Chems Adam (5 amis en commun).

C'était lui !

Je clique sur son profil et je regarde ses photos. Il n'y en avait pas beaucoup.

Je remarque qu'il y a souvent des filles qui commentent des trucs comme :.

Il ne répondait jamais à personne.

Enfin, c'est ce que je croyais jusqu'à ce que je vois une fameuse fille qui s'appelle « Noor N-G » qui a commenté : « il est beau mon soleil . »

Et il lui a répondu : the only light in my life (la seule lumière de ma vie)

Noor veut dire Lumière en arabe*

PFFFF c'est ça oui : « les filles c'est pas dans ma tête »...

Il m'a pris pour une grosse conne aussi.

Elle a même écrit des trucs sur son mur.

Noor N-G : twahachtek

(*Tu me manques)

Il a aimé la publication ce petit con.

En plus ça date de quelques jours.

C'est qui celle-là ?

Je clique sur son profil et sans vous mentir, elle était vraiment belle.

Des cheveux châtains foncés, des yeux verts en amandes, une belle bouche et claire de peau.

J'étais vraiment jalouse et je ne sais même pas pourquoi.

La petite de Sammy rentre dans la chambre pendant que moi je regardais ses photos.

-Leïla !

Elle n'arrêtait pas de dire mon prénom, elle me déconcentrait.

- Oui oui

Dilara:Faut partir !

- Okay j'arrive

Elle me tira la main alors j'essayais rapidement de tout fermer dans mon téléphone.

7 HEURES PLUS TARD

Je suis dans ma chambre, en pyjama et j'entends un bruit venant de mon phone.

Je vois que j'ai une notification.

Facebook:Noor N-G a accepté votre demande d'ajout.

OH PUTAIN.

Bon j'avais trois choix qui s'offraient à moi.

Le premier, l'enlever de mes amies et la bloquer.

Mais ça je ne pouvais pas, elle a eu le temps de bien voir mon profil, qui sait même prendre une capture d'écran.

La deuxième était d'enlever mon compte sur Facebook, mais j'aurais l'air suspecte...

Le troisième était de faire comme si de rien n'était et si elle m'envoie un message je fais comme si c'était un de mes frères qui l'a ajouté de mon compte parce qu'il la trouvait belle.

C'est bon ça.

3 jours plus tard.

Noor ne m'avait pas envoyé de message alors tout allait bien non ?

C'était TROP calme...

Je me préparais pour travailler et je finissais aujourd'hui à 21 h donc je vais voir Aymen s'il peut me récupérer après.

-Aymen

-OUAIS ?

-Viens j'ai un truc à te demander vite fait

-J'arrive

Aymen c'est un pur beau gosse. Il a une bouille de bébé avec une belle barbe. Bien bronzé, il ressemblait beaucoup à mon père physiquement. Je n'ai jamais connu un mec aussi adorable et respectueux que lui.

- Tu peux venir me chercher après le travail ?

-Ahh je suis désolé c'est Seif qui a pris la voiture de maman et Papa sort avec Tonton Mamadou ce soir

-Ayaye et Seif, tu penses il va venir me chercher ?

-Tu aurais dû l'avertir au moins 3 jours ouvrables à l'avance tu sais comment il est...

3 heures plus tard.

C'était ma pause au kebab et j'ai décidé d'appeler mon imbécile de frère,Seif.

-Allo?

-Bien?

- Non pas bien, j'ai besoin de toi

-Quoi encore ?

- Tu peux venir me chercher au kebab à 21 h ?

Il commence à soupirer. J'entends des bruits graves bizarres et il chuchote un truc à quelqu'un.

Je sentais un truc chelou là.

- Qu'est que tu fous encore Seif

-Quoi?

- T'es sérieux ?

-Oui c'est bon je vais venir te chercher, mais 21 h pas plus je veux pas attendre dehors devant comme un con.

- Pardon j'avais oublié que je devais faire la fête avec tous les sandwichs dans la cuisine.

Il a soupiré et m'a raccroché au nez.

Je m'assois sur une marche d'escalier et j'entends un bruit de jet d'eau.

Je me lève et je suis le bruit.

Je vois Chems en train de nettoyer une voiture.

Ma tête : Bon je vais quitter les lieux le plus rapidement possible.

Évidemment, il a des yeux partout ce mec alors, il s'est retourné quand j'essayais de bouger sans faire de mouvement brusque.

Il arrête le jet d'eau.

Il a commencé à sourire.

Il prend une cigarette de sa poche et se dirige vers moi.

Il en prend une bouffée.

-Si c'est pas la petite fouineuse que je cherchais

- Qu'est que tu racontes encore ?

-Pourquoi tu as ajouté Noor sur Facebook ?

CRISE CARDIAQUE.

Il guettait ma réaction.

J'avais la sueur au front.

- Tu vois euh.. j'étais sur mon Facebook et mon frère était à côté de moi... euh... il la trouvait belle alors il a pris mon phone et... euh... il l'a ajouté !

-MDRRRRR, mais comment tu mens mal !

- Pourquoi tu me crois pas ?

-Tu es rouge et tu bégayes

4.

...

-Tu voulait fouiner sur ma vie ?

-Non c'est pas ça...

-Leïla, je suis pas le genre de gars que tu dois essayer de comprendre

- Qu'est que je suis censé comprendre ?

Il allait répondre.

?-LEÏLA !

Je me retourne et c'était Sammy.

-OUI

-VIENS, ON A BESOIN DE QUELQU'UN EN CUISINE !

- J'ARRIVE

Je retourne dans la cuisine, limite j'y cours, j'étais grave mal à l'aise.

21 h 15

Il est 21 h 15 et Seif n'est pas là, évidemment.

Pffff.

J'avais froid en plus.

Aymen était au foot, mais il m'avait envoyé un message pour me dire que si je voulais, il pourrait venir faire la moitié du chemin en bus avec moi.

Je lui ai dit que non, ce n'était pas grave.

J'entends un bruit de moto.

Oh punaise imagine un fou me kidnappe. Je suis pas prête à écrire une chronique sur moi qui tombe amoureuse d'un chef de mafia qui m'a secrestré.

Je commence à marcher super vite.

Le mec dans la moto s'arrête devant moi.

Il enlève son casque et c'est Chems.

Il souriait.

-T'as eu peur hein

- Même pas

-Ouais ouais c'est ça, tu fous quoi dehors ? D'habitude je te vois courir par la porte de derrière pour rentrer chez toi

- Mon frère a décidé de faire le con.

-Ah il a oublié ? Tu sais nous les hommes, on oublie tout

- J'avais remarqué...

-Allez vient, aujourd'hui je me sens gentil

-Sérieux?

-Monte avant que je change d'avis.

Il me donne un casque.

Je m'assois derrière lui et je m'accroche à lui.

Il sentait grave bon ce connard. L'avoir proche de moi comme ça, ça me faisait de l'effet.

20 minutes plus tard.

On est à 2 minutes à pieds de chez moi.

Il arrête la moto.

Je descends de la moto et je garde le casque dans mes mains.

- Merci beaucoup Chems

-Rentre bien hein

Je commence à me diriger chez moi.

-Leïla !

Je me retourne.

-Oui

-Tu peux me redonner mon casque ?

Putain la honte.

Je lui donne rapidement et je reprends mon chemin.

-Leïla !

Je me retourne.

-Noor c'est ma tante, elle est jeune, elle a 32 ans. On est proche et c'est la seule avec qui je m'entends dans ma famille de fou.

J'ai souri.

Il a souri aussi.

2 minutes plus tard.

Je rentre chez moi et je remarque la voiture de ma mère dans l'entrée.

Pfff Seif.

J'ouvre la porte et j'entends ma mère crier sur Seif dans sa chambre.

La porte était entre-ouverte alors j'écoute et je vois tout.

-Tu vois j'ai réfléchis et t'envoyer au bled, c'est trop facile. Tu parles l'arabe, tu l'écris et tu le lis aussi, tu vas t'en sortir et j'ai pas envie que tu t'en sortes. À partir de maintenant (elle prend son phone), ça, c'est à moi. Oublie ma voiture (elle prend son porte-feuille et en retire sa licence, tu vas refaire connaissance avec le métro [elle prend son ordi aussi], tu peux dire adieu à ça aussi pour un moment.

- Et je fais quoi maintenant ??

-Ah parce que tu pensais que tu allais rester à la maison ? J'ai appelé Victoria, tu sais celle qui travaille comme chef infirmière à l'hôpital ? Tu vas passer le reste de ton été comme un bénévole à l'hôpital.

Wahhh, mais qu'est qu'il avait fait comme ça ?

Je pourrais vous le dire, mais ça, c'est à lui de raconter son histoire. Tout ce que je peux vous dire c'est que ma mère a fait de son été un enfer, mais elle a changé sa vie à jamais.

Je vais dans la chambre d'Aymen et il me fait le signe de fermer la porte derrière moi.

Je la ferme direct.

- Il a fait quoi encore ce guignol ?

-LE truc interdit dans cette maison

- Quoi ??

-Il a vendu de la drogue

-Il est sérieux...?

Je vous explique.

Personne ne fait des trucs illégaux dans cette maison.

Même y songer on serait puni. Depuis très jeune, mon père et surtout MA MÈRE nous ont dit que s'ils entendaient ne serait-ce qu'UNE chose c'est un aller simple pour le bled.

C'était chaud pour Seif. Mon père allait le massacrer quand il allait rentrer.

Pour moi, la routine a suivi son cours par la suite. Je voyais souvent Chems au kebab, on discutait un peu. On ne se disait rien de sérieux, mais il était quand même gentil avec moi. Je voyais un progrès. Lentement mais sûrement comme on dit.

-Comment t'as remarqué j'ai ajouté ta tante par accident ?

-Elle m'a envoyé un message quand tu lui as fais une demande pour savoir si je te connaissais et je lui ai dis oui

Tout allait bien, mais il y a toujours quelque chose pour tout gâcher.

On avait un nouveau cuistot dans le kebab, il avait 23 ans.

C'était un Marocain et comment dire... c'est un phénomène.

J'étais en train de manger en cuisine pendant ma pause quand je sens qu'il me fixe.

- Je peux t'aider ?

-Tu es celle que je vois traîner avec la cheminée non ?

- la cheminée ?

-Bah Chemsdine wesh

-ahhh

-Il fume tout le temps ce mec on aurait dit une cheminée

- C'est vrai ça

-Attends tu me dis quelque chose, t'es pas la femme du petit frère à Mehdi, comment il s'appelle ? Il était smine (gros) avant... Ahmed voilà.

-Wahh comment tu te prends pour gossip girl la

-Je remarque et je le dis, c'est tout

-...

-Alors c'est toi ou pas ?

- Oui, mais je ne suis pas exactement sa femme là, en ce moment, on est en pause...

-LOOOL y'a juste des meufs pour sortir des trucs comme une « pause ». Normalement, soit tu es avec quelqu'un ou sois tu l'es pas !

-...

-De toute façon, moi c'est un problème que j'aurais jamais

-Ah bon et pourquoi ?

- Aucune fille m'a dit non dans ma vie

-haha jamais ?

-Jamais

-Arrête tu mens

-Wallah que c'est vrai

Il n'était pas moche hein, mais ce n'était pas non plus Badr Hari hein. Il avait un charme de ouf par contre.

-Les meufs quand tu arrives à les cerner, t'as même pas besoin d'être beau, tu joues avec tes forces et c'est tout.

-On dirait que tu parles de manipulation

Youness me fait un clin d'œil.

-Les filles vous pensez que vous êtes toutes différentes alors que vous avez toutes le même cerveau.Oui, vous n'aimez pas les mêmes choses et vous n'avez pas les mêmes valeurs, mais tout est dans la manière que tu approches une fille ! L'équation reste la même.

- Et c'est quoi l'équation ?

- Règle numéro : Ne jamais dire tout ce qu'on sait (il me fait un clin d'œil.)

-Alors la, toi ça parrait tu es jamais tombé amoureux

-Je vais tomber amoureux quand j'aurais pas le choix tu vois, genre quand je serais marié

-mdrrr n'importe quoi et les mecs, aussi ils sont tous pareils ?

-Si un mec te dit qu'il est différent, c'est le plus gros mensonge qu'il peut te sortir

- Avec toi soit c'est blanc, soit c'est noir, jamais gris

-Tu as tout compris ! T'avais besoin des leçons du Professeur Youness

-Je crois pas que je vais dormir différemment ce soir

Nourhan rentre dans la cuisine

Nourhan:Youness, ya une petite blonde à la caisse qui dit que tu lui dois un kebab

-Dis lui que j'arrive

Elle sort.

-Si tu savais combien de meufs me collent pour avoir des sandwichs gratuits

- Et tu es fier d'être utilisé ?

-Nan ça va je suis bien récompensé

Il me fait un deuxième clin d'œil.

Au début, je pensais que c'était qu'un gros pervers, mais avec le temps j'ai réalisé que c'était quelqu'un dont la loyauté était importante.

2 semaines se sont écoulées et je me sentais bien. Ahmed m'envoyait des messages ici et là, mais j'ignorais une fois sur deux. Chems et moi on discutait de plus en plus souvent.

J'étais en route vers le travail et je croise Chems dans la rue devant le resto.

On se salue comme d'habitude quand Youness passe et nous voit.

Et là, il fait le pire truc possible.

-Wesh les amoureux

-Ferme ta gueule Youness

-Vous êtes tout le temps ensemble, c'est pour quand le mariage ?

Silence Radio.

Moi je sentais mes joues chauffer.

-Ahhhhhh elle rougit la gamine.

Chems me regarde, mais avec une expression bizarre. Il n'avait pas l'air content, tout le contraire même.

-Occupe toi de tes couilles

Wahh il était devenu agressif et ses traits du visage étaient devenus durs.

-Ah, mais j'ai rien dis mec

Chems regardait intensément Youness et se casse.

-Maintenant, observe bien la leçon que tu vas apprendre

- De quoi tu parles ?

-Ne t'attache jamais à un mec qui ne te prouve pas qu'il va être sah (sérieux) avec toi...

- Et pourquoi je devrais apprendre cette leçon ?

-Ca crève les yeux que tu le veux alors que t'as même pas cassé avec ton gars. Je connais Chems depuis des années et je l'ai jamais vu s'afficher avec une fille. Il aime trop faire son solitaire et en plus, il a une des plus grosses fiertés que j'ai vues dans ma vie.

-....

-Dès qu'une fille s'attache à lui, il recule et disparaît. C'est pas un gars avec qui tu peux imaginer un avenir.

-Et qu'est que t'en sais ?

-Tu comprend pas hein ? Il veut rien savoir des filles, c'est une illusion tout ça. Il est pas prêt et encore moins pour quelqu'un comme toi. Et maintenant, il vient de comprendre qu'il a crée un truc entre vous.

-....

- T'as besoin de t'ouvrir les yeux maintenant regarde s'il va revenir te parler

Au début, j'étais fâché et je n'avais pas encore compris qu'il m'avait rendu service.

3 semaines ont passés et Youness avait raison.

Je ne voyais presque jamais Chems au kebab. Et s'il venait, il m'ignorait et parlait avec sa clique.

Au début, je me suis dis : pfff je m'enfou.

Mais après, j'ai commencé à sentir comme de la merde.

Trois semaines se sont écoulées depuis et je me sentais encore plus seule.

Je veux dire, oui j'étais bien entourée à la maison, mais j'avais toujours espoir que l'autre con refait apparition dans ma vie.

Aymen était souvent au foot ou avec ses copains. Seif toujours bénévole à l'hôpital et il rentrait tard, il était en train de changer, je le voyais bien.

Jessica, on s'éloignait l'une de l'autre, pas parce qu'on avait une chicane, mais bizarrement on faisait plus de pas l'une vers l'autre pour se voir ou prendre des nouvelles. Je commençais à me demander si c'était vraiment ma meilleure amie....

Même Ahmed insistait moins avec ses messages...

Les fils à Mamadou étaient en Égypte avec leur mère.

Ma cousine Myriam travaillait tout le temps la pauvre.

Le seul à qui je parlais beaucoup c'était Youness.

Il était 9 h du matin et on devait ouvrir dans une heure le kebab.

J'étais assise à une table en train de lire un truc sur mon phone quand Youness me sort de la ma lecture.

-Ya quelqu'un qui a laissé un truc pour toi hier

Il me donne une boîte.

Je l'ouvre et c'était un ourson avec écrit « Forgive me ».

(Pardonne-moi)

-On sait tout de suite que ça vient pas de Chems heinr

- C'est pas drôle You

-Ton mec il a pas une grosse fierté avec toi, c'est bien je trouve, ça évite les problèmes

Il y avait un mot au fond de la boîte.

Leïla, tu me manques trop, on arrête cette pause et on redevient comme ce qu'on était avant. Rejoins-moi au festival libanais samedi soir à 18 h.

– Ahmed

Je pose le mot sur le table et je regarde la peluche.

Et Youness, au calme, il commence à lire le mot qu'il m'avait laissé (un vrai gossip girl).

!? : Vous savez il est où Sammy ?

Cette voix grave et ce parfum, je savais déjà c'était qui.Chems...

Je ne tourne même pas ma tête.

-Ouais il est à son troisième kebab tu sais celui à 40 minutes d'ici

-Ah d'accord... vous faites quoi comme ça ?

-On regarde le cadeau que son gars lui a envoyé

Il me regarde.

- C'est un bon, je pense que l'idée de se marier avec lui l'été prochain c'est bien, comme ça tu m'invites et tu me présentes ta cousine.

Ahhh je sais pourquoi il a fait ça, c'était pour le provoquer.

J'ai tourné et Chems me regardait avec un air, pas dégoûté, mais je sentais qu'il y avait du mépris. Du mépris pourquoi ? Je ne sais pas...

J'ai décidé d'aller au festival libanais avec ma cousine Myriam (je l'ai obligé) parce que je devais être fixée par rapport à Ahmed.

On s'est préparé chez elle le jour même et vers 19 h, on est arrivés là-bas.

- Mon pote Youness va venir donc fait attention

-Mais c'est quoi il a une arme sur lui ?

- Non, mais il va essayer de te draguer c'est sûr

-Laisse-le, de toute façon moi c'est pas mon délire un gars qui n'étudie pas en médecine

Elle avait un de ses fantasmes sur les médecins, je ne l'ai jamais comprise.

Youness est arrivé et dès qu'il l'a vu, il est tombé sous son charme.

Youness a essayé de lui faire le regard séducteur, mais Myriam miskina (la pauvre) elle a pas compris.

-Youssef, ça va ? On dirait tu te sens pas bien ?

Mdrrrr elle a déjà oublié son nom.

-Euh, ça doit être le kebab que j'ai mangé tout à l'heure

-Je reviens je vais m'acheter à boire

Dès qu'elle est partie, j'ai eu un fou rire.

- Myriam croit que t'es malade alors que tu essayes de lui faire les yeux d'amour

-Ca marche d'habitude, je comprends pas...

-Je te crois pas, je suis sûre que tu mensr

J'envoie un message pour dire à Ahmed où je suis.

J'écoutais un groupe libanais et il y avait une grosse foule.

Je me sentais un peu poussée par tout le monde. Je sens un parfum familier proche de mes narines.

Je tourne ma tête et je vois Chems.

Il avait une veste en jean, un chandail blanc. Il avait refait sa coupe italienne qui était encore plus rasée sur les côtés. Il était magnifique..

Je le regarde et il me regarde.

Il s'approche de moi de plus en plus.

-Tu va vraiment te marier avec ton imbécile ?

- Je sais pas peut-être...

Il s'approche de plus en plus de moi.

Il sourit et ses fossettes apparaissent.

Il me fixait.

Quand je sens une main sur mon épaule.

Je vois Ahmed.

-Ahh tu es là, je te cherchais partout...

Il regarde Chems et moi.

-Viens on y va.

Il me prend par l'épaule et on se pose dans un endroit tranquille.

-Je suis content que tu sois venue

- Je suis venue parce que je devais être fixée par rapport à nous

-Alors...

Pourquoi quand je le regardais je voulais juste rejoindre Chems...?

- Je ne peux plus continuer...

-Pourquoi ? C'est à cause du voyou de tout à l'heure ??

-Voyou? Est-ce que tu le connais ? Ça n'a aucun rapport avec lui, il ne se passe rien entre nous, je n'ai juste jamais été heureuse avec toi !

-....

- C'est fini... on ne devrait pas se battre autant pour être bien ensemble.

Il avait l'air perplexe, je l'ai laissé.

J'ai marché jusqu'à la voiture de Myriam et je lui ai demandé par message si elle voulait partir.

Elle m'a dit oui et m'a rejoint.

On est partis chez elle et voilà.

5.

2 mois plus tard.

Les vacances d'été avaient pris fin 2 semaines auparavant. Je ne travaillais plus au kebab.

Je ne savais pas qu'est que j'avais ses derniers temps, mais j'étais triste.

J'étais en train de réaliser que j'avais perdu ma meilleure amie parce qu'on était trop différentes. J'avais perdu Ahmed même si je n'étais pas amoureuse, j'étais habituée à lui. L'atmosphère à la maison était bizarre. Seif avait grave changé, il était devenu silencieux et Aymen étudiait tout le temps parce qu'il voulait rentrer en pharmacie à l'université alors il était rongé par le stress.

Je gardais toutes ses émotions tout à l'intérieur.

Mais comme on dit, plus le ciel est sombre, plus les étoiles sont brillantes...

On était un vendredi soir il était 18 h 30 et je devais aller en cours. J'avais un cours du soir qui finissait à 21 h 30.

J'ai pris la voiture de ma mère et je suis arrivé à l'université.

J'ai assisté à la première partie du cours, mais quand le prof a donné la pause, je suis partie.

Je suis allé au super marché et j'ai pris un pote de crème glacée.

Je ne voulais pas aller chez moi alors je suis allé au parc proche du kebab où j'avais travaillé.

Me voilà comme une grosse batata (patate) avec mon pot de glace et ma tête de déprimée à 20 h 30 dans le noir sur une balançoire.

J'entends des pas derrière moi.

Je me retourne et je vois.....

CHEMS.

-Tu pleurait ?

-Non c'est de la sueur

-MDRRRRR tu as tes trucs de filles ?

Il est sérieux de me demander si j'ai mes règles ?!

-Non

Il s'assoit à côté de moi.

-Alors pourquoi tu pleurais ?

Il allume la cigarette qu'il a à la bouche.

- Depuis quand tu sais que j'existe ?

Chems sourit.

-C'est dur de ne pas remarquer quelqu'un de bizarre comme toi

-...

-Mais c'est bien, tu fais ce que tu veux et tu t'en fous de ce que les gens pensent... tu es une des personnes qui m'a le moins cassé les couilles dans ma vie

-Mdrr je prends ça comme un compliment

Il a commencé à sourire.

-Alors pourquoi tu pleurais ?

- Juste une accumulation de trucs, je me sens seule

-Mais tu as des potes et tu as ta famille non ?

-Ahh tu parles des fous autour de moi

-Explique je suis curieux

Alors pour la première fois, je me suis ouverte spontanément sur ma vie dans ma maison culte. Il souriait pendant mon récit et riait fort à toutes mes histoires embarrassantes.

Il était 21 h du soir et on avait l'air de fous dans un parc avec mon pot de crème glacée et lui qui n'arrêtait de rire en fumant, mais je n'aurais rien changé de ce moment parce qu'il était parfait.

-Toi au moins tu sais c'est quoi se faire aimer... Ma mère je sais même pas c'est qui elle a pris la fuite et mon père, il sait pas c'est quoi être un père. Il m'a appris comment me battre, comment répondre aux gens, comment draguer les filles, comment être un salaud enfaite, mais il ne m'a pas appris à profiter de la vie... comment être heureux, comment donner au suivant, comment relaxer...

- Peut-être ton père est triste parce qu'il a perdu ta mère.

Il a commencé sourire.

-Mon père n'a jamais aimé ma mère. J'étais le résultat d'un coup d'une nuit ou peux être deux. Je suis qu'un bâtard.

-Arrête ne dit pas ça... toi même tu sais que tu es beaucoup plus que ça. Il doit avoir un truc qui a fait en sorte que ton père pendant toutes ses années était froid avec toi

-J'ai entendu des trucs en me promenant dans le quartier où il a grandi.

Il me regarde droit dans les yeux.

-On dit que quand il avait 24 ans qu'il aimait une fille qui était quelqu'un de bien, même de très bien. Apparemment, c'était une belle femme et il a fait son salaud avec elle. Il l'a perdu et elle s'est mariée avec quelqu'un d'autre.

- Tu penses qu'elle est vraie cette histoire ?

Il prend une bouffée de sa cigarette.

-J'ai l'impression que oui et ma belle mère, ça parrait qu'il avec elle juste pour le cul

- T'as déjà essayé de retrouver cette femme ?

-Non, elle a déjà eu sa dose avec mon père, elle n'a pas besoin de voir une autre version de son ex des années plus tard

On est resté 15 minutes à discuter un peu plus. Il m'a raccompagné jusqu'à chez moi.

Arrivé à une rue de chez moi, il arrête sa moto.

Je le remercie et je me dirige vers chez moi.

-Leïla !

Je regarde mes mains et je n'ai pas un de ses casques !

Je me retourne.

-C'est quoi ton numéro ?

Je me suis approché de lui et je lui ai donné mon numéro. J'essayais de pas trop sourire comme une conne.

J'ai repris mon chemin vers chez moi, je sentais son regard sur moi et évidemment il fallait que je trébuche.

Je suis tombé tête sur le sol comme une merde.

-CA VA CA VA JE VAIS BIEN

-MDRRRRR même pas arrivée à la porte, elle se fait déjà mal

J'ai réussi à me relever et le regarder avec un air piteux, lui qui n'était même pas à 5 mètres de moi.

Il riait encore.

Je suis rentré chez moi, j'aurais couru jusque dans ma chambre si je pouvais.

20 minutes plus tard.

Je vois un nouveau message d'un numéro que je ne connais pas. Sûrement Chems.

: Alors ça va la blessée de guerre ?

Oh la honte.

-Pff c'est même pas drôle

-Si si c'était trop drôle

J'allais répondre quand je vois mon père rentrer dans ma chambre.

-Ah c'est là que tu te caches

Je me lève lui faire un bisou.

Il avait son petit sourire.

- J'ai une mission pour toi

- C'est quoi ?

Mon père ferme la porte de ma chambre.

- J'ai acheté des billets d'avion pour ta mère.

-Wahhh pour aller où ?

-Dubaï, je l'ai acheté pour juin prochain.

- Elle va y aller seule, sans toi ?

-Juste pour une semaine, après je vais la rejoindre. Sa copine Inès et un de mes anciens collègues sont mariés, ils habitent là-bas depuis 6 ans. J'ai déjà tout planifié.

- Elle est chanceuse, c'est quand mon tour à moi ?

- Quand tu vas avoir ton diplôme Inch'Allah ma fille

-Ca marche !

-Je veux que tu les caches et que tu gardes ça entre toi et moi !

-Je te promet, donne-moi tout ça.

Souvenez-vous de ce moment parce que c'est une pièce très importante de l'histoire.

1 semaine plus tard.

J'étais chez Myriam, elle m'avait proposé de dormir chez elle.

Il était 20 h et j'entends mon phone vibrer.

Chems:Tu fais quoi ?

OUHHH CRISE CARDIAQUE.

- Je suis chez ma cousine, pourquoi ?

-On peut se voir ?

CRISE CARDIAQUE NUMÉRO 2.

-Euhh comment ?

-Passe par la fenêtre

Je me tourne vers Myriam.

Elle ressemblait à rien avec son masque jaune pour le visage et son vieux pyjama à l'eau de javel.

- Myriam, j'ai besoin de toi

Elle mangeait comme une haloufa (cochonne) en plus.

-Quoi?

- Comme ça je trouve que tu formerais un beau couple avec Youness

Myriam me lance un coussin.

- Il faut que je sorte d'ici je dois voir quelqu'un

-QUI ? UN MEC ? IL A UN COPAIN MÉDECIN ?

-Ahhh c'est pas possible cette meuf, non c'est Chems...

- C'est qui lui ?

Alors je lui raconte.

Je lui montre des photos.

-Ahh sa tête me dit quelque chose, c'est une bombe, regarde ses yeux verts !

- Je fais quoi ?

- Donne-lui mon adresse tu passes par la porte de derrière.

Ses parents habitaient au Maroc.Myriam n'a jamais fait de connerie et comme elle avait 23 ans, ses parents lui faisaient confiance.

J'envoie un message à Chems et tout.

- Mais on va arranger un peu ton look

Elle m'a donné des vêtements simples, mais beaux. Elle m'a maquillée légèrement.

-Je suis là

Je sors de la maison et il m'attend sur sa moto.

Il me dit qu'il allait m'amener à un endroit secret.

Après 30 minutes de route, on arrive dans une sorte de colline dans un parc nature/forêt.

Il me dit de le suivre.

On marche 5 minutes et on arrive dans un coin qui avait une belle vue sur la ville.

Il sort une couverture de son sac à dos et la place sur le sol.

Il s'allonge d'un côté et moi de l'autre. On regardait les étoiles dans le silence.

-Chems

-Mhmm

- Tu crois que dans 100 ans les gens parleront de nous ?

-Si c'est pas la fin du monde d'ici là, oui... si on leur donne quelque chose de quoi parler

- Comment tu veux qu'on laisse une trace dans ce monde avec tous ses milliards et milliards de personnes

-Tu réfléchit trop loin Leïla, tu peux laisser une trace dans la vie d'une seule personne et ça c'est déjà bien.

-...

-Tu peux aider quelqu'un qu'une fois et ça peut lui changer la vie. Tu peux faire beaucoup avec peu.

- Au faire, tu n'es pas un batard du tout

Il commence à sourire.

-Je suis juste pas con c'est tout

Il allume une cigarette.

- Tu as déjà essayé d'arrêter de fumer ?

Il prend une longue bouffée de sa cigarette.

-Oui j'ai essayé, mais j'y arrive pas. J'arrête, je veux péter les plombs et je recommence. C'est un cercle vicieux tout ça.

- Et tu prends autre chose ?

Il commence à rire.

-Non, c'est déjà beaucoup

- Mon frère Seif il s'est fait prendre par mon père à fumer un joint quand il avait 15 ans. Mon père l'a massacré.

-Mdrrr ton daron il rigole pas

-Mdrr moi il m'a jamais frappé, il croit pas que la violence peut régler quoi que ce soit, mais disons que Seif ne fait que prendre les mauvaises décisions...

-Maintenant, il est tranquille ton frère ?

-Je sais pas, cet été il s'est fait chopper par ma mère à vendre de la mari

-Mais il se fait toujours prendre celui-là

-Mdrr ouais et toi tu as déjà fait du deal ou de la fraude ?

-Une fois quand j'avais 17 ans, je voulais juste un peu d'argent pour m'acheter une moto, mais après ça khlass (c'est finis)

-...

-Je suis pas con, je sais qu'on va m'attraper... J'ai déjà un dossier criminel, le nombre de fois que je me suis battu pouah... si je vendais de la drogue, je serais directe en cellule pendant au moins 2-3 ans.

Il me regarde.

-Je suis déjà fou Leïla alors imagine coincé dans entre 4 murs

Il me regarde et je le regarde. Je pense 3 centimètres me séparaient de lui. De proche, je pouvais voir à quel point il avait des yeux de malade. Un mélange de vert clair et foncé et de brun noisette.

On a parlé beaucoup cette nuit-là. On s'est échangé beaucoup d'anecdotes.

Myriam m'avait envoyé un message pour savoir si tout allait bien et pour me dire qu'elle avait laissé la porte ouverte.

Sans m'en rendre compte, le temps passait tellement vite que je me suis endormie. Sûrement, pendant qu'on regardait le sombre de la nuit se transformer en lumière du matin.

Vers 10 h du matin, j'ai ouvert les yeux comme une vraie folle. Vous savez quand vous êtes en retard le matin et que vous vous réveillez avec les yeux grands ouverts et le souffle coupé ? C'était moi.

Mon premier réflexe c'était de voir où était Chems. Il dormait et il ressemblait à un vrai bébé.

J'ai pris mon petit sec et j'ai pris un chewing-gum.

Y'A PERSONNE QUI SE RÉVEILLE AVEC UNE HALÈNE FRAÎCHE MENTE AVEC SOUPÇON DE FLEUR, FAITES PAS GENRE !

Je pense que je faisais beaucoup de bruit avec mon chewing-gum, car Chems s'est réveillé.

Quand je suis stressée, je mâche très fort.

Il ouvre les yeux et il sourit automatiquement.

Il tend sa main et j'ai compris direct qu'il voulait aussi du chewing-gum !

Je lui donne et on prend la route vers chez Myriam.

Arrivé devant chez Myriam, il arrête sa moto.

Il enlève son casque, moi aussi et je descends de sa moto.

Il se lève aussi et se dirige vers moi. Il s'approche de moi de plus en plus de mon visage.

5.

Il s'approche de moi de plus en plus de mon visage.

Oh lala il va m'embrasser.

Instinctivement je ferme les yeux et j'ouvre légèrement la bouche.

Je sens sa main sur mes cheveux.

-Leïla t'avait encore une branche dans tes cheveux...

OHHHHH MERDE.JE NE VEUX MÊME PAS OUVRIR LES YEUX.

J'ouvre les yeux petits à petits.

Il me regarde avec un air confus.

-Tu faisait quoi avec ton visage

-Euh je reposais mes yeux et ma bouche tu devrais essayer ça fait du bien

Il plissait les yeux pour essayer de comprendre.

-D'accord, t'es bizarre un peu quand même

Je ne sais pas s'il m'a cru, mais il ne pas fait de remarque.

On s'est dit au revoir et je suis rentré chez Myriam qui d'ailleurs m'a demandé tous les détails.

L'adrénaline avait descendu et je commençais à être fatiguée alors j'ai décidé de rentrer chez moi.

Je suis la seule qui trouve que rien n'équivaut dormir dans son propre lit ?

J'ai pris la route avec la voiture de ma mère.

J'arrive et je vois qu'il manque la voiture de mon père. Je sais qu'Aymen devait déjà être sorti aussi pour étudier.

Je rentre doucement par la porte d'entrée et j'entends des bruits venant de la chambre de ma mère.

La porte était entrée ouverte et je vois Seif qui est à genoux devant ma mère qui elle, est assise sur le bord du lit.

Seif pleurait.

Il faisait une invocation en pleurant.

Je ne l'ai jamais vu pleuré de ma vie.

De ce que je pouvais voir de ma mère, elle versait quelques larmes aussi.

Je n'ai pas osé rentrer la pièce parce que voir ses deux personnes qui me sont chères pleurer, ça me faisait un truc à moi aussi.

Je suis rentré doucement dans ma chambre, mais je n'arrivais pas à dormir après ce que j'ai vu, j'étais inquiète.

Je prends mon téléphone et j'envoie un message à Aymen.

Moi - Qu'est qui se passe avec Seif et Mama ?

Aymen - Je sais pas, il veut rien me dire même à moi

Moi - Tu penses que c'est grave

Aymen-Un peu, je l'ai jamais vu comme ça je n'en sais rien

Moi -Je suis inquiète

Aymen -Si c'était une question de vie ou de mort, Papa ou Mama nous l'aurait dit. Seif est comme toi, il se confit que lorsqu'il en a envie.

Il avait raison.

Je me suis endormie anxieuse.

Je vous passe deux mois.

Chems et moi on se voyait une fois par semaine.

Il s'ouvrait un peu plus à moi, mais le problème ce que je voyais aucun signe de sa part me démontrant qu'il voulait plus que de l'amitié.

Youness essayait toujours de draguer Myriam, mais c'était un échec chaque fois. Je lui disais de laisser tomber et chaque fois il me disait elle me casse les couilles, mais c'est une vraie alors je continue.

J'étais toujours anxieuse pour mon frère qui ne se confiait toujours pas à moi, mais je le voyais devenir un homme, un vrai rajel.

Dans trois jours c'était officiellement les vacances de Noël.

J'avais hâte de profiter de ne rien faire sans aucune culpabilité.

Chems -Qu'est que tu fous jeudi ?

Moi - Rien pourquoi ?

Chems-J'ai trouvé une maison que je dois te montrer

Moi -Ça marche

J'ai appelé Myriam pour lui demander si je pouvais dormir chez elle, etc.Elle allait partir dans 1 semaine au Maroc rejoindre ses parents pendant les vacances.

Je vais voir ma mère pour lui dire que je dors chez Myriam jeudi soir.

Mama:Tu t'entend bien avec Mymy c'est bien ! Moi à toi âge, ta tante Sabrina et moi c'était la guerre

-Ah bon et pourquoi ?

Mama:Quelque chose d'aussi stupide que pour un garçon

-Ahhh vous aimiez le même garçon ?

Mama:Oui et lui il ne l'aimait pas... L'amour peut rendre les gens fous ma fille.

Jeudi — vers 19 h

Je suis devant une maison magnifique avec Chems à côté de moi.

-Allez on entre

-On a le droit ?

-C'est une maison à vendre on s'en fout. Personne ne s'en rendra compte.

-Mhmm d'accord

On rentre par une fenêtre de derrière qui était mal fermée.

On fait le tour et c'était trop beau. Chems m'emmenait toujours dans des endroits hors du commun.

Une heure plus tard.

On était assis dans le salon.

-C'est le genre de maison que je veux plus tard

Je passe la main dans mon cou et je ne sens pas mon collier.

- Chems t'as pas vu mon collier avec mon nom ?

Il allais répondre quand j'entends un bruit.

- Tu n'as pas entendu un bruit ?

Chems n'a pas eu le temps de répondre quand déjà quatre policiers ouvrent la porte munie d'une lampe de poche.

Policier 1 -

Vous êtes en état d'arrestation pour introduction par effraction dans une propriété privée. Vous avez le droit de garder le silence, si vous ne voulez pas exercer ce droit, tout ce que vous direz pourra être ou sera utilisé contre vous. Vous avez le droit à un avocat (à ce qu'un avocat soit présent pendant votre interrogatoire), si vous n'en avez pas les moyens un avocat d'office pourra vous être accordé par la cour. Si vous choisissez de parler à un officier de police, vous avez le droit de mettre fin à l'interrogatoire à tout moment. Avez-vous compris ce que j'ai dit ? Voulez-vous répondre à nos questions sans un avocat ?

Un policier me menotte et un autre menotte Chems.

Aucun mot ne sortait de ma bouche. Je sais même si Chems de son côté parlait ou quoi que ce soit... J'étais complètement sous le choc.

On était tous les deux menottés dans deux voitures différentes.

La maison avait été vendue une semaine plus tôt et Chems n'avait pas vu le panneau vendu, il croyait qu'elle était encore en vente. (On n'a pas le droit non plus de rentrer dans une maison qui est en vente sauf s'il y a lieu de négociation avec un agent immobilier. Mais les chances de se faire prendre par la police sont moins probables. Les voisins nous avaient vus rentrer et ont directement appelé la police.)

Arrivés au poste de police, Chems et moi étions dans des cellules séparées avec d'autres personnes et on devait y rester quelques heures jusqu'à ce que quelqu'un paye nos cautions séparément.

Pendant ce temps, les policiers regardaient si on avait des dossiers criminels. Moi je n'en avais aucun, mais Chems oui... affaire à suivre.

Le policier est passé devant la cellule.

Policier : Vous avez droit à un appel.

Il me fait sortir.

Je n'avais pas le choix d'appeler ma tante Malika pour qu'elle paye ma caution. Mes parents m'auraient envoyée au bled direct. De plus, c'est le seul numéro d'urgence que je connais à part celui de mes parents.

L'appel a été très pénible parce qu'elle croyait que je lui faisais une blague, je l'avais beaucoup déçue.

Je l'ai supplié de ne rien dire à ma mère.

Quand elle a payé ma caution, ils m'ont fait sortir. J'avais officiellement un dossier criminel...

La tête qu'elle a faite quand elle m'a vu...

À l'entrée, j'ai vu un homme qui parlait avec Chems et un policier.

Cet homme ressemblait à Chems...

C'était donc lui son père.

Tata Malika avait une expression choquée.

-Dit moi que ce n'est pas avec lui que tu as fait ton infraction

- Oui pourquoi ?

-Ouff on est dans rien de bon

Elle me prend le bras et elle presse le pas vers sa voiture.

On rentre et on s'assoit.

- Tu vas rien dire à ma mère ? S'il te plait tata

-Non je vais rien lui dire parce que je n'ai pas envie d'avoir des accusations de « complicité d'homicide volontaire »

-Fiouu merci

-Mais toi tu dois me promettre quelque chose

-Quoi?

-Ne sors plus avec ce garçon, éloigne-toi le plus loin possible de lui

- Mais pourquoi ? Il ne savait pas que la maison était vendue, il ne m'a jamais amené de problèmes avant ça.

Tata M:Yasmine ne pose pas de questions et écoute moi.

- Tu m'as appelé Yasmine...

-: Fais ce que je dis c'est tout

Tata Malika m'a ramené à la maison et elle a fait croire à ma mère qu'elle m'avait vue dans la rue et qu'elle avait décidé de me déposer.

Heureusement que j'étais parti chez Myriam en transport en commun.

Arrivé dans la chambre, j'ai tout expliqué à Myriam par messages parce que la pauvre, elle se faisait un sang d'encre.

Je passe la main sur mon cou et je remarque que mon collier « (» □ □□□Leïla) a disparu.

Deux jours plus tard. J'étais dans ma chambre, je regardais une émission tranquille quand mon phone vibre.

Chems-Sors derrière chez toi

Moi -Sortir dans la pluie pour te voir toi en plus, continue de rêver.

Chems-Tu as fait tomber ton collier avec ton nom écrit en arabe la dernière fois, je l'ai avec moi

J'aimais trop ce collier, je l'ai depuis petite.

Alors je suis sortie le récupérer. Il était contre le mur d'un bâtiment derrière chez moi, sous la pluie, complètement mouillée.

- Alors il est où ?

-Je l'ai pas... c'était qu'une excuse pour te voir.

Il est sérieux là ?

Je me retourne pour aller chez moi, mais il me prend par le bras.

Il me retourne face à lui.

-Tu va être fâchée longtemps ?

- Tu m'as mis dans le merde Chems. Tu peux pas te contenter de manger qu'un kebab avec moi ??!

-Non pas avec toi

-Pourquoi?

-Tu n'es pas quelqu'un d'ordinaire, je ne veux pas aller quelque part d'ordinaire avec toi

-Encore en train de me traiter de bizarre celui-là, je te jure tu es qu'un

Il m'a coupé la parole parce que monsieur a jugé que c'était un bon moment de m'embrasser.

Et ce l'était...

6.

J'ai lu un jour que le Soleil et la Lune étaient comme deux amants qui se rencontraient rarement, toujours en train de se pourchasser et qui se manquaient presque toujours de justesse... Mais de temps en temps, ils arrivaient à se rattraper et ils s'embrassaient et le monde entier regardaient en pleine admiration, l'éclipse qu'ils formaient ensemble.

Quand Chems m'a embrassé sous la pluie, c'était comme s'il y avait une éclipse, mais à l'intérieur de moi-même.

Il me tenait fermement par les hanches et moi, mes mains étaient sur son beau visage.

On a arrêté de s'embrasser et il a posé son front contre le mien. Il a touché ma joue droite. Il a commencé à sourire.

-Est ce que tu vas me pardonner un jour ?

-Non

Il me fait un bisou sur la joue.

-Tu devrait rentrer tu vas attraper froid Leïla

-Non je veux pas

-On va se voir dans quelques jours et je te ferais plein d'autres bisous

-Okay okay

-Je sais que tu voulais m'embrasser la dernière fois

-Quand ?

-Le lendemain de la fois qu'on s'était endormis dans la forêt et que je t'ai enlevé la branche de tes cheveux

- Oh punaise

-Mdrrrrr ne change surtout pas

Il me fait un câlin et me fait un bisou dans les cheveux.

-Yallah (Dépêche-toi) va à la maison

J'ai couru jusqu'à chez moi dans la pluie.

Ce soir-là, j'ai dormi avec le sourire aux lèvres.

3 jours plus tard.

Il était 21 h et j'étais dans ma chambre à faire un peu du rangement.

J'entends mon phone vibrer.

Chems -Regarde par la fenêtre.

Je le vois devant la maison avec sa capuche sur sa tête.

Il m'appelle.

-Allo?

-Salut, on peut se voir ?

- J'aimerais bien, mais je dis quoi à mes parents ?

-Tu peux pas dire que tu vas chez ta cousine ?

-Non, elle part au Maroc demain, mes parents ne vont pas me croire...

-Ahh...

- Qu'est que t'as ? Je te sens triste.

-C'est rien Leïla

-Non, c'est pas rien je le sens d'ici. J'ai une idée je te rappelle dans deux minutes.

Je cours voir mon père.

- Papa tu as les clés de la salle de boxe de Hakim ?

- Oui pourquoi ?

- J'ai envie de m'entraîner

- Leïla il est tard, dis pas n'importe quoi

Je fais les yeux tristes à ma mère.

- S'il te plait Papa, j'en ai besoin, j'ai trop de stress à faire évacuer...

Ma mère regarde mon père.

-Bon allez d'accord, mais seulement parce que tu es en vacances.

Je cours dans ma chambre et je dis à Chems de m'attendre un peu plus loin

Je sors de chez moi en prenant la voiture de ma mère.

Je vois Chems qui m'attend. Dès qu'il me voit, il monte dans la voiture.

Il était silencieux et je sentais son anxiété.

- Alors t'as remarqué la température ? Il fait très froid dehors... j'espère que tu as prévu une petite soupe à la maison.

Chems me regarde avec air exaspéré, mais un petit sourire s'est formé sur son visage.

10 minutes plus tard, on arrive dans la salle et on se place sur tapis bleu dans le fond. Il s'assoit à côté de moi et regarde droit devant lui.

- Tu sais que tu peux me dire ce qui te tracasse

-Ma belle-mère me fait chier, c'est une pute

- Comment ça ?

-Elle a essayé de me toucher et je l'ai esquivé... Elle est allée dire à mon père que je l'avais dragué, que j'essayais de coucher avec elle...

-...

-Mon père et moi on s'est engueulés comme jamais... je me suis cassé de la maison.

-...

-Quand je suis sorti, j'ai réalisé que j'ai laissé mes clés de voiture chez moi. J'ai demandé à mon ami de me déposer.

Il me regarde dans les yeux.

-et je suis venu te voir...

Il prend ma main.

- Comment ton père peut croire que tu serais capable de lui faire un coup comme ça ?

-C'est toujours comme ça, il me fait pas confiance... je lui en veux de m'avoir offert une vie comme ça, froide sans stabilité...

Il jouait avec mes doigts.

- Je suis désolé Chems, si je pouvais savoir quoi faire pour t'aider je l'aurais déjà fais

Il commence à sourire.

-Il y a un truc qui pourrait vraiment m'aider

- Ah oui et c'est quoi ?

-Approche voir, je vais te le dire dans l'oreille

Je commence à rire.

- Tu as quoi derrière la tête ? Tu restes tranquille hein

Il commence à rire.

-Approche toi

Je m'approche et lorsqu'il arrive à mon oreille, je sens son souffle.

Et ce con mord ma joue.

-Depuis la première fois je t'ai vu, je voulais te faire çar. Tu as des joues de bébé.

Je masse ma pauvre joue.

- Mais t'es malade, tu as pensé à ma petite joue

-Je laisse ma marque sur toi

- Trouve une autre manière... !

Il me regarde sérieusement dans les yeux.

-Leïla

-Mhmm quoi ?

-Je suis pas un mec parfait, mais quand je suis avec toi j'ai envie d'essayer de le devenir...

-... Chems

-Pour pouvoir avoir la chance de te voir faire encore des gaffes

-Tu peux jamais être sérieux

-Tu te souviens la fois où tu as trébuché sur une poussette de bébér. Le pauvre, il a vu sa vie passer sous ses yeux à cause d'une mahboula (folle)

- Ne me le rappelle pas, j'ai eu grave honte.

-C'est pour ça que je te kiffe de malade, tu me fais oublier mes problèmes, c'est toi qui devrais t'appeler Soleil...

Je ne crois pas qu'il venait de réaliser ce qu'il venait de dire.

Je lui fais un bisou sur la joue. Il sourit instinctivement.

-Tu es plutôt pas mal non plus tu sais ça ? On te l'a déjà dit ?

-Rarement Leïla... toute ma vie, ma famille m'a toujours vu comme un bâtard... ils ne le disent pas, mais je vois leurs regards... les yeux ne mentent pas.

-Ils sont bourrés de préjugés... c'est dégueulasse

-Je ne veux pas être comme mon père, il détruit tout ce qu'il touc he... J'ai peur de devenir comme lui.

- Moi j'ai confiance en toi Chems..

Son expression change et me prend le visage.

Il m'embrasse intensément. On arrête un moment.

-Ce serait toi et moi contre le monde entier alors

Chems ne voulait pas dormir chez son père ce soir-là alors j'ai appelé Youness pour qu'il l'héberge. Il a dit oui. Je savais déjà que gossip boy allait me poser un tas de questions la prochaine fois j'allais voir.

J'ai conduis jusqu'à chez Youness.

Je gare la voiture devant sa maison.

-Leïla je vais te dire un truc et je vais te demander de pas t'inquiéter

-Vas-y...

-J'ai un jugement après demain

- POURQUOI ??

-Pour la connerie de la dernière fois et comme j'ai un dossier criminel depuis mes 18 ans donc, on doit juger si je suis « un danger pour la société »

- Je vais venir

-Non tu vas rester à la maison

- Non

-Si si, tu vas être chez toi pendant mon jugement

- Non, fin de la discussion

-Pourquoi tu veux venir ?

- Parce que j'en ai envie

-Tu vas pas changer d'avis hein ?

- Non c'est impossible

-Bon, on se verra après demain

Le jour du jugement.

Chems m'avait appelé le soir avant pour me dissuader d'être dans la même pièce que lui lors du jugement, mais que je pouvais attendre le verdict devant la porte. Il disait avoir honte de toutes ses fois où il s'était battu et il ne voulait pas que je vois cet ancien côté de lui.

J'ai accepté, c'était mieux que rien.

Alors, ça faisait 40 minutes que j'attendais anxieusement devant la porte sur un banc.

45 minutes plus tard, la porte s'ouvre et des gens en ressortent.

Je vois Chems venir vers moi. J'essayais de lire l'expression sur son visage.

Il s'est approché de moi.

-Tu as attendu tout ce temps pour moi ?

-Oui bien sûr

Il a commencé à sourire.

- Alors le verdict

-J'ai eu mon « dernier avertissement », la juge m'a dit que si je me retrouve dans une autre activité criminelle, ce sera la prison pour 3-4 ans

-Inch'Allah tu ne seras impliqué dans rien, c'est derrière toi tout ça

Il me prend une partie de ma main.

-Tu veux manger un morceau avec moi ?

- OUI une activité normale avec toi, c'est sûr que je vais accepter !

On se souriait quand on entend une voit grave interpeller Chems.

?? : CHEMSDINE

Chems se retourne et je vois un homme, le même qui était au poste de police la dernière fois. C'était son père, j'imagine. Plus son père s'approchait de nous, plus mon cœur battait de plus en plus fort.

Il ressemblait à Chems physiquement.

Mais plus je l'observais, plus je trouvais qu'il avait l'air de quelqu'un de triste. Il avait des cernes foncés et son visage manquait de lumière.

Il y a deux ans, ma mère se plaignait que je ne foutais rien de mon été, alors elle m'a obligé à lire un livre. Elle m'avait donné son livre préféré : ce que le jour doit à la nuit de Yasmina Khadra. Elle me disait que j'en aurais beaucoup à apprendre dans ce roman.

Comme pour plusieurs choses dans cette vie, rien ne fait complètement de sens, jusqu'à tant qu'on le vive ou qu'on le voit.

Et quand j'ai vu le père de Chems ce jour-là, à ce moment précis quand j'ai croisé son regard vide rempli d'amertume, que j'ai repensé à tout ce que Chems m'avait raconté sur lui, une phrase du livre m'est toute de suite venue en tête.

« Celui qui passe à côté de la plus belle histoire de sa vie n'aura que l'âge de ses regrets et tous les soupirs du monde ne sauraient bercer son âme. »

Cet homme m'intriguait. C'était un homme dont la maturité de l'âge semblait avoir fané autre chose que sa beauté.

Son père me regardait les yeux tout ronds. Il avait l'air surpris... choqué.

-Ouais

Son père- Je voulais savoir si tu rentrais avec moi, mais je ne savais pas que quelqu'un était venu te voir

Chems-...

Son père- Tu t'appelles comment ?

- Leïla, enchantée !

Je lui donne ma main pour la serrer.

Il me la serre.

Il m'a fixé au moins pendant un bon 15 secondes dans les yeux.

Il regarde Chems ensuite.

Son père- Vous allez sortir ?

Sa voix avait changé, son ton était devenu doux et nous regardaient comme s'ils voulaient nous joindre.

-On va manger un peu Monsieur

Son père- Faites attention sur la route.

Chems-T'inquiète pas

- Au revoir Monsieur, à la prochaine Inch'Allah

Son père a esquissé un sourire et il a soufflé un léger Inch'Allah.

Chems et moi on s'est dirigés vers la sortie et quand j'ai tourné ma tête pour regarder son père, il nous regardait d'une manière que je ne pourrais décrire...

3 jours plus tard-

Chems me déposait proche de chez moi, après une agréable soirée dans une fête foraine. Je lui au revoir et je commence à marcher en direction de chez moi.

J'entends une porte de voiture se claquer.

-Leïla !

Je me retourne et il est sorti de sa voiture.

-Tu as oublié la peluche que je t'ai gagnée

-Ahh oui, pardon !

Il s'approche de moi et me la donne. Il avait un regard qui en disait long.

- Tu veux me dire un truc ?

-Mon père, pour la première fois, a vraiment discuté avec moi...

-Ah c'est bien et vous avez parlé de quoi ?

-De toi...

- De moi ?

-Je sais pas, mais quand je suis rentrée, il m'a posé un tas de questions sur toi

-Ahh comme quoi ?

-Quelle genre de fille tu étais ? Est-ce que tu étais une pote à moi ? Qu'est que tu fais dans la vie ?

Le moment parfait pour lui dire ce que j'ai sur le cœur depuis longtemps.

- Et est-ce que je suis qu'une amie ?

-Leïla... commence pas

- Mais c'est vrai, j'en ai marre, on agit comme un couple pourtant tu m'as jamais fait comprendre que j'étais avec toi

-Pourquoi tu compliques les choses.. ?

- Avec moi c'est tout ou rien et tu le sais très bien

-Leïla... j'ai jamais eu de copine, c'est pas mon truc... c'est pas maintenant que ça va commencer

- Alors je suis un passe-temps ?

-Mais non tu comprends pas

- Je suis DÉSOLÉE, mais je sais que tu as l'habitude de jouer avec les gens, mais PAS avec moi

-Pourquoi tu fais la choquée, je t'ai averti depuis le début

Il commence à fumer une cigarette.

- Ah bon ? Quand tu t'es décrit comme le roi des bâtards, j'étais donc censé le comprendre ?

Chems continue de fumer.

- Un roi n'est rien sans une reine,t'as juste à ouvrir un livre d'histoire pour le savoir !

Je l'ai laissé comme ça.

Il m'avait blessé. C'était ma première chicane avec lui. Ce n'était pas quelqu'un qui criait ou qui avait un mauvais caractère, il savait utiliser les mots parfaits pour faire mal aux gens.

8 jours plus tard.

J'étais chez Myriam, elle était revenue du Maroc. Elle essayait de me remonter le moral.

-Ahhh Leïla arrête d'y penser ! Viens, on sort manger un truc.

- Avec quel argent ?

- C'est moi qui paye, allez !

-Merci Mymy ! Youness me bombarde de messages, ça te dérange pas s'il vient ?

- Non non

Et je vois qu'elle commence à se changer et se maquiller.

-Euhh pourquoi tu te mets belle ? C'est juste Youness qui vient...

-Justement

- Justement quoi ? Tu as horreur de lui

-Non pas vraiment, en faite, pas du tout..

- J'ai manqué plusieurs épisodes alors...

- Je lui fais croire qu'il me dégoûte juste pour le faire galérer

- Tu es sous son charme ?!

-Bah oui...

- Son équation a marché sur toi ?

-Équation?

-Youness a apparemment une théorie secrète et infaillible pour faire craquer n'importe quelle fille

-Ahh je vois

- Alors c'est quoi l'équation ?

-Bah s'il dit qu'elle est secrète, moi je dis rien !

7.

3 heures plus tard.

Mymy et Youyou essayaient de me changer les idées et ça marchait plus ou moins.

On était les deux dans la voiture de Youness et il me regarde par le rétroviseur.

-Leïla arrête de t'inquiéter, il va revenir et s'excuser

-...

-Les hommes passent leur temps à regretter, je sais de quoi je parle !

Il regarde Myriam et ils s'échangent un regard. C'était louche tout ça.

Et vous savez qu'est qu'ils ont fait.

Et bien, Youness a mis à fond Jeune Demoiselle de Diam's et ils chantaient ensemble pour me faire rire.

-Chante avec nous, je le fais pas pour n'importe qui

Évidemment, j'ai commencé à chanter avec eux et j'ai souri parce que j'étais heureuse de savoir à quel point j'avais des bons amis.

2 jours plus tard

J'étais en train de regarder la télé quand je reçois un message.

Youness -Sammy m'a demandé si tu pouvais lui rendre un service hyper urgent

- Oui c'est quoi ??

- Tu peux chercher un chèque là-bas, il a déjà appelé en disant que tu vas passer. (Il me donne l'adresse)

Ahh c'est du Tonton Sammy tout craché, il ne demande que pour être poli, mais il sait déjà que tu n'as pas le choix de le faire.

Je demande à ma mère sa voiture et 30 minutes plus tard, je suis devant un garage de réparation d'autos.

Il était ouvert.

Il avait quelqu'un sous une voiture en train de la réparer.

-Excusez-moi je suis venue récupérer un chèque.

La personne sous l'auto dévoile sa tête à l'aide en glissant sur une planche avec des roulettes qui supporte son corps.

Et c'est qui que je vois ?...Chems.

Bien évidemment.

Chems s'essuie les mains avec une serviette.

-Tu viens récupérer quoi ?

- Le chèque pour Sammy

Il me regarde avec un air confus.

-Youness m'a dit que... Ahhh Youness...

J'allais quitter quand Chems décide de réagir.

-Tu as parlé à Youness de notre discussion ?

Je me retourne.

- Non je ne lui ai rien dis sur notre discussion de la dernière fois

-Tu sais, il est venu me parler ce matin

- Je te dis que je lui ai rien dis, il a compris par lui même

-Il a compris par lui même parce que tu étais triste et il a directement pensé que c'était à cause de moi... ?

Il a commencé à sourire en regardant sa serviette sale.

-Il n'a pas eu tort... et ça m'a fait réfléchir tout ça.

- Qu'est que je suis censé comprendre ?

-Tu devrais comprendre que je ne suis pas un gars pour toi

- Pour une dispute je dois me dire ça ?

-C'est que le début, ça va juste empirer avec le temps

- Tu parles comme si tu étais un tueur en série. Dis-moi la vérité, je vais l'accepter, à la place de dire des bêtises comme ça

-Regarde ce garage... tu es en train de regarder ma situation du moment et mon futur.

-Tu vas devenir une grande architecte... et regarde moi putain.

-Mais qu'est que je m'en fou ! C'est ce qui tu as dans le cœur qui compte... tu comprends pas Chems.

Il s'approche de moi.

Il prend ma main.

-Regarde ma main

Je regarde sa main. Elle était sèche, remplie de plis et de taches noires. Ses ongles étaient courts et ils manquaient de couleur.

Il avait les mains de quelqu'un de 35 ans, soit plus de 10 ans de ce qu'il avait.

-Et regarde la tienne.

Elle était douce, blanche et d'apparence jeune. Des ongles propres de couleur santé et de longueur moyenne.

-Chaque jour, je travaille du matin jusqu'au soir. Je tue mon dos à la tâche. Chaque seconde, je suis à fond dans mon travail. Des fois quand je veux laisser tomber, quand je pense à faire de la fraude comme beaucoup d'autres, je me permets, pendant un instant, un petit instant, je me permets de penser à comment ce serait être marié à toi..

-...

-Parce que je passerais toute ma vie à avoir des mains qui ressemblent à ça pour que les tiennes continuent à être dans le même état qu'elles sont maintenant

Et c'est à ce moment-là que j'ai réalisé que j'étais amoureuse de Chems.

J'ai pris ses mains et je les ai embrassées.

-Que Dieu te bénisse. Je suis sûre que tu es la plus belle chose que ton père a faite de sa vie.

Il a souri et j'ai vu ses yeux briller.

-La autre seule personne qui m'a dit ça, c'est ma grand-mère Allah y rahma, c'est elle qui m'a appris à écrire et à parler l'arabe. La seule qui m'aimait dans la famille.

- Allah y rahma, qu'Allah lui accorde le paradis

-Si j'ai une fille inch'Allah je veux l'appeler Zarah en son honneur

J'ai souri.

-Inch'Allah

-Moi même je porte comme deuxième nom celui de mon oncle qui est mort, Allah y rahmo

On a continué à former un couple pour les six mois qui sont suivis.

Il n'était pas quelqu'un de jaloux ou de contrôlant, mais il pouvait être quelquefois distant et d'autre fois possessif. Ce n'était pas du tout maladif, au contraire, moi ça me plaisait bien. Je vous donne un exemple, quand on était ensemble, on pouvait vivre un moment extrêmement romantique et je pouvais lire dans ses yeux la peur alors il commençait à fumer une cigarette et se refermer un peu sur lui même.

Un autre exemple ; lui et moi on marchait souvent au parc et je croisais souvent de différentes personnes âgées. Il arrivait des fois que des madames plus âgés qui connaissaient ma mère venaient me voir et me disaient qu'elles avaient des fils à me présenter et chaque fois, Chems s'énervait en prenait ma main en disant : je suis désolé, mais elle est coincé avec moi jusqu'à la fin.

Je crois que ça avait un lien avec ses parents, il avait besoin de mon attention, car personne ne lui avait jamais donné auparavant. Il devenait attaché à cette affection. Chems se laissait enfin aller parce qu'il savait que je n'irais nulle part, mais une partie de lui voulait se protéger parce qu'il avait toujours ce doute en lui.

Je l'aimais d'un vrai amour.

Je me souviens qu'après 3 mois de relation, je lui ai vidé ce que j'avais sur le cœur.

- Chems si tu veux me tromper, tu me quittes avant

-De quoi tu parles ?

-Je me préserve jusqu'au mariage et si toi, tu n'es pas capable de te retenir, tu me le dis tout de suite

-Je pourrait baiser avec n'importe qui, tu sais ? Mais ça me dit rien... c'est juste du sexe sans rien, ça m'intéresse pas... Pour le moment, j'ai pas le besoin urgent de déshabiller qui que ce soit

-Arrête je suis sûre que c'est un mensonge.

-Tu sait très bien que je m'intéresse à une fille une fois chaque mille ans et il faut que toutes les planètes soient orientées dans le même angle

-Pffff t'es bizarre

-Tu veux que j'agisse comme un con et je couche avec d'autres filles dans ton dos ou que je sois bizarre, mais fidèle ?

- Reste bizarre

Mais même après six mois de relation, aucun ne prenait le pas pour dire « je t'aime ».

On se voyait très souvent. Il venait me voir à l'école et moi au garage.

On se voyait 3 fois par semaine, des fois même quatre.

Et même après une chicane, on ne pouvait pas dormir sans se parler avant de se coucher, c'était notre règle d'or.

Mes parents partaient bientôt pour Dubaï.

Ma mère partait dans une semaine et elle ne le savait même pas !

Mon père essayait de faire sa valise en prenant des trucs qu'elle ne met pas, c'était chaud pour lui.

Youness et Mymy étaient ensemble et j'avais sermonné Youness. Je lui ai dit de bien faire les choses avec ma cousine.

Bref.

Je me réveille un dimanche matin normalement. Je mange mes céréales et tout ça.

-Leïla, tu viens faire les courses avec moi s'il te plaît ?

- Oui oui

C'était le moment parfait, on allait être seules et je vais pouvoir lui dire pour Chems.

Je me prépare et on prend sa voiture en direction du super marché.

Elle avait les yeux sur la route et je n'arrêtais pas de la regarder et de regarder devant moi.

-Qu'est qu'il y a ?

-Je te trouve vraiment belle aujourd'hui... nouveau rouge à lèvres ?

Elle commence à sourire.

-Qu'est que tu veux maintenant ?

- C'est plus de quoi je veux te parler maintenant ?

-Parle alors

- J'ai rencontré quelqu'un que je veux te présenter. Maman, je crois que c'est bon, je veux qu'il soit mon hlel.

Ma mère me regarde.

-Et c'est qui lui ? Ne dis pas que c'est celui que je t'ai dit de laisser ?

- Non-maman, c'est un algérien en plus !

J'essayais de gagner des points parce que clairement je m'en fou d'où il vient. Zéro nationaliste. Vive les mélanges.

-L'important c'est qu'il soit musulman, pas algérien

Bon les tentatives de gain de points... échec.

-Bon, il s'appelle comment ?

-Chems... Chemsdine

-C'est un très joli prénom. Leïla et Chemsdine... vous avez une histoire rien qu'avec vos prénoms.

Elle fait un virage à gauche.

- Je te montrerais une photo de lui à la maison, j'ai pas d'internet maintenant...

-Il est comment physiquement ?

- Il a les yeux verts foncés, des fossettes, grand, une barbe un peu longue, les cheveux bruns stylés...

-Mā shā' Allāh

15 minutes plus tard.

On était dans le rayon des céréales et je m'ennuyais à mourir.

Je tourne ma tête et qui je vois ?

Mon petit soleil de dos. Chems en train de chercher un truc plus loin dans les rayons.

Je m'approche de lui.

Il se retourne en entendant le bruit de mes pas.

Je me mets face à lui.

Chems souriait, mais ce n'était pas son sourire habituel, c'était un vrai sourire éclatant, de bonheur.

Vous savez quand vous ne vous attendiez pas de voir quelqu'un que vous connaissez, alors quand vous les voyez, vous êtes trop heureux.

-Wesh Leïla

On avait l'air d'enfant, on ne savait pas trop comment s'y prendre, mais on savait qu'ensemble on était bien.

-Ca va bien ?

On souriait comme des imbéciles heureux.

-Ouais et toi ?

Ma mère regardait toujours les boîtes de céréales.

-Leïla wach thabi (qu'est que tu veux) ?

Je ne répondais pas parce que j'étais trop occupée à regarder Chems comme une débile.

-Leïla?

Chems était de dos à elle.

Elle nous voit et s'approche

Dès que Chems tourne sa tête, ma mère devient rouge du visage. Elle le fixe avec un air surpris...

Chems croyait bien faire alors il dit : Bonjour Madame, Chesmdine Nasri, enchanté.

Il lui tend la main pour serrer la main de mère et elle approche sa main pour le lui serrer, mais elle fait tomber sa boîte de céréales.

Chems se penche pour l'aider à la ramasser et ma mère est très étrange comme si quelque chose l'avait bouleversé.

Chems ramasse la boîte de céréales et le donne à ma mère.

-Leïla vous ressemble beaucoup

-Oui on nous le dit souvent !

Elle était mal à l'aise. Chems le sentait, je pouvais le voir.

-Je suis enchanté de vous rencontrer, à la prochaine Inch'Allah.

Maman dit doucement : Inch'Allah

Chems prend le chemin vers la sortie et je lui fais un signe que tout va bien.

Ma mère pousse le chariot et demeure silencieuse.

Elle est restée silencieuse pendant qu'elle payait et même quand on mettait les sacs dans le coffre.

On s'assoit dans la voiture, mais ma mère ne démarre pas la voiture.

Elle regarde sa main.

-C'est lui ton Chems ?

- Euh oui

Elle prend une grande respiration.

-Leïla je t'interdit de le revoir tu m'as comprise ?

- Mais pourquoi ?!

-Je connaît ce genre de garçon, il va te laisser quand il aura trouvé

Je la coupe.

- QUAND IL AURA TROUVÉ MIEUX ?

-QUAND IL AURA TROUVÉ LA FACILITÉ QUELQUE PART D'AUTRE.NE LÈVE PAS LE TON SUR MOI

- Mais qu'est qu'il a fait pour que tu ne l'aimes pas ?

-J'ai vu ses yeux et son regard, ça m'a suffi SSOUKTI (tais-toi).

Le trajet vers la maison a été très lourd. Quand on est rentré, je suis allé direct dans ma chambre. Seif a essayé de savoir ce que j'avais, mais je l'ai juste ignoré.

Je n'ai pas osé dire à Chems ce qui s'est passé. Il m'aurait dit « ne mets pas ta mère à dos juste pour un mec comme moi » et il se serait éloigné comme jamais. Je savais qu'il y avait une raison derrière le comportement de ma mère.

Alors, j'ai dit à Chems que ma mère était sur ses gardes et c'est tout.

C'était chaud pour lui parler parce que ma mère me surveillait. Je disais à Chems que j'avais trop de devoirs pour sortir.

8.

4 jours plus tard.

J'ai profité du fait que ma mère faisait une sieste et je suis sorti voir Myriam.

Arrivée chez elle, je lui dis tout.

- Remontre-moi sa tête...

Elle le regarde et plisse des yeux.

- Tu as dit que son nom au complet c'était quoi ?

-Chemsdine Adam Nasri

Elle me regarde et regarde la photo de Chems.

- Tu as une photo de lui avec son père ?

-Pourquoi?

- Juste montre

Je lui montre.

- Oh oh...

-Quoi?

- Assis toi.

Je m'assois.

- Dis-moi, maintenant.

- Tu sais que ma mère elle est bipolaire ?

-Non je savais pas...

- Quand j'étais jeune, je te dirais peut-être quand j'avais 13 ans, ma mère, mon père et moi on était allés visiter mamie Nora. Quand on est arrivés là-bas, il y avait un homme et un petit garçon. Ils ont passés l'après-midi avec nous et il me semblait qu'il n'y avait rien d'anormal jusqu'à ce qu'on rentre à la maison. Ma mère agissait de manière étrange et je me souviens, mon père avait essayé de m'expliquer sa condition. Je ne comprenais pas, mais tout ce que je voulais, c'est l'aider. J'ai entendu mes parents parler un soir comme quoi son psy lui avait conseillé de tout écrire tout dans un journal. Et le jour quand on est revenu de chez mamie, ma mère s'est empressée de tout écrire dans un carnet. Le lendemain, j'étais trop curieuse alors j'ai tout lu.

- C'est quoi le rapport avec Chems ?

- Ma mère a écrit qu'elle a aimé un homme pendant des années. Il était avec une autre femme pendant 2 ans et ma mère, elle en était verte de jalousie. Par la suite, ma mère est tombée enceinte de moi et elle s'est mariée avec mon père. Elle est partie vivre au Maroc pendant sa grossesse. Quelques années plus tard, elle a appris que le fameux qu'elle a aimé, avait quitté sa copine et qu'il avait déménagé en Algérie et voyagé quelques fois en Espagne.Durant son voyage, il a eu une liaison avec une Espagnole-Algérienne et c'était l'enfant qu'il avait amené avec lui chez Mamie.

- Et le lien avec Chemsdine c'est quoi ?

- L'homme que ma mère a aimé c'est Ali, c'est le père de Chems... je le reconnais. Et.... Ali, il aimait Yasmine, ta mère... Le petit garçon que j'ai vu ce jour-là c'était Chems, c'est pour ça que sa tête me disait quelque chose !

- Attends quoi ?

- Ta mère et Ali sont restés ensemble pendant 2 ans, ils se sont presque mariés !

- Et tu ne sais pas pourquoi ils se sont séparés ?!

-Non ma mère était au Maroc pendant ce temps comme je te l'ai dis... Tout ce que je sais c'est que ma mère a écrit dans son journal que la manière dont ta mère regardait son frère, donc ton père, était dix fois plus passionnée que lorsqu'elle regardait Ali dans le temps.

Je me lève et je mets ma veste.

- Où tu vas ?

- Confronter ma mère.

Pour celles qui n'auraient pas vu les nombreux indices, les voici ;

Chems a dit que son nom de famille c'est Nasri, si vous retournez dans la première chronique vous verrez que le nom de famille d'Ali c'est NASRI.

Chems est un bâtard : oui Ali a couché avec une Espagnole-Algérienne lorsqu'il a pris la fuite. Il a eu un fils, ceci a été précisé dans la première chronique.

Chems ne se souvient pas de Sa mère- lorsqu'il a eu trois ans, sa mère a donné l'enfant à Ali et par la suite, elle a disparue, ceci a été précisé dans la première chronique.

Chems a deux ans de plus que -l'enfant est née un an avant qu'Ali revienne voir Yasmine.

Chems s'appelle Chems Adam sur Facebook ; il a dit à Leïla avoir comme deuxième prénom le nom de son oncle qui est mort, Adam, je parle de lui dans la première chronique.

Chems parle de sa tante qui s'appelle Noor qui a 32 ans ; dans la première chronique Ali parle de sa petite sœur Noor !

Chems parle de sa grand-mère Zarah : la mère d'Ali s'appelle Zarah, je l'ai écrit quelquefois dans la première chronique.

RÉCAPITULATIF

Myriam est la fille de Sabi, la sœur de Wissem, voilà pourquoi elle a 3 ans de plus que Leïla !

Seïf et Aymen sont les deux fils jumeaux de Yasmine et de Wissem. Ils ont tous les deux 18 ans.

Ahmed c'est l'ex de 4 ans de Leïla. Il a un grand frère qui s'appelle Mehdi. C'est un Libanais-algérien ! Il vient d'une famille très riche.

Youness est juste un cuisinier du kebab, il n'a aucun lien avec la première chronique !

Mamadou et Sammy vous savez déjà c'est qui.

Mamadou a eu trois garçons avec Lyna, la sœur de Sammy, dont celui qu'on a vu au début, Momo.

Sammy a eu deux filles, dont celle qu'on a vue au début, Dilara.

Malik c'est le petit frère de Yasmine, il était très jeune dans la première chronique. Maintenant, il est marié avec une Tunisienne-Marocaine.

Malika c'est la meilleure amie de Yasmine qui a eu deux enfants, une fille et un garçon avec son mari, le médecin qui a annoncé la grossesse à Yasmine.Sa petite fille est celle qui transperçait les gens du regard, MINI BEYONCÉ.

Mamie Nora, c'est la mère de Wissem, celle qui a beaucoup aidé Yasmine.

Je rentre dans la chambre dans ma mère en furie.

Avant même qu'elle puisse y placer un mot, je m'enflamme.

- Ce n'est pas parce que son père a fait le salaud que son fils le fera avec moi

-De quoi tu parles ?!

-Je parle d'Ali

La tête qu'elle a faite... on aurait dit que ses yeux allaient sortir de ses orbites.

-Qui t'a raconté ?

- J'ai lu ta chronique sur wattpad, franchement j'ai bien kiffé ma sœur

MDRRRRR NON JE N'AI PAS DIS ÇA.

Je reprends.

-Qui t'a raconté ?

- Votre histoire est gravée dans ton ancien quartier Maman, Chems m'a raconté l'histoire brièvement sans savoir qu'il parlait de toi.

Elle passe la main sur ses sourcils.

-Leïla, je suis désolé, mais j'ai pas un bon pressentiment, je n'arrive pas à l'accepter...

- C'est pas juste ! Mamie a accepté Papa et elle aura accepté Ali, tu ne lui donnes pas de chance ! Qu'est que tu as contre lui ?!

-Ton Chems c'est une preuve vivante que même ton premier amour peut te mentir et te trahir. Tu sais qu'il a eu son fils pendant qu'il prétendait devenir quelqu'un de mieux. Quand je le vois, je repense à toutes mes erreurs de jeunesse. Son père c'est un très bon manipulateur, j'essaie juste de te protéger.

-Maman, s'il te plait... fais-moi confiance, il n'est pas comme tous les autres

-Je pensais et je disais la même chose à ton âge

-Mais arrête ce n'est pas le passé qui se répète !

-Il t'a changé ce garçon...

- Non pas

On se fait interrompre par mon père qui me demande à la cuisine.

Arrivée à la cuisine, il me dévoile que c'est le moment d'offrir le billet d'avion à ma mère. Le vol était le soir même...

Mon père était quelqu'un de bien, même si les regards noirs qu'ils nous donnaient quand on faisait des gaffes nous faisaient tous peur, c'était quelqu'un de merveilleux.

Ma mère a été très heureuse et surprise de son cadeau. Elle m'a dit avant de partir qu'on allait reparler de tout ça à son retour. Je savais qu'elle n'allait rien dire à mon père, elle me protégeait même quand elle était fâchée contre moi.

Mon père allait la rejoindre la semaine suivante.

2 jours plus tard.

J'étais au McDo, en train d'attendre Chems en train de siroter un bon milkshake quand j'entends un couple se chicaner.

Je ne sais pas pour vous, mais moi ça pique toujours mon attention.

La fille -C'est quoi toutes ses filles dans ton téléphone ?

Le mec-C'est que des amies

La fille-Mon cul ouais.

Le mec-Mais tu me les casses et c'est plus que des amies, ya quoi ? On est pas ensemble de toute façon.

L'agressivité était présente.

Mais cette voix je la connais.

Je me tourne et je vois Ahmed, mon ex.La fille était grave son genre, elle était stylée et tout, même ses ongles était plus féminins que moi.

Je regardais la scène en sirotant ma boisson.

J'écoutais ça comme si c'était une émission, en plus ils étaient vulgaires, encore mieux !

J'étais tellement absorbée que je n'ai pas entendu Chems arriver.

Il est venu par-derrière et m'a fait sursauter en mettant les mains sur mes hanches que j'en ai échappé un petit cri.

Quelques personnes se sont retournées pour nous regarder.

Chems souriait comme un con et me fait un bisou sur la joue.

Il s'est assis à côté et il a commencé à boire dans mon milkshake tranquille.

-Tu veux faire quoi aujourd'hui ?

- Rien de compliqué

-On fait un tour ?

- Ouais ça marche.

Il se lève pour m'ouvrir la porte et je regarde derrière moi pour m'assurer que je n'ai rien oublié. Je vois Ahmed qui nous fixait.

Je suis resté avec Chems jusqu'à 20 h 30-21 h et il m'a déposé proche de chez moi.

Je prends mon chemin habituel quand je reçois un message.

Papa -Tu peux amener des médicaments pour la grippe, c'est pour ton frère ?

Moi - Ça marche !

Je retourne sur mes pas et je passe à la pharmacie prendre ce qu'il faut.

En sortant, je décide de passer une ruelle pour faire plus vite, car il faisait noir.

J'avance quand je sens quelqu'un derrière moi. J'accélère le pas quand on me prend le bras pour me retourner.

Je vois Ahmed.

Il était grave bizarre, ce qu'il dégageait ne me plaisait pas du tout.

- Qu'est que tu fais là ?! Et pourquoi tu te permets de me toucher le bras ?

Il s'approche de moi, il puait l'alcool.

-Recule-toi.

Il a commencé à sourire d'une manière vicieuse.

-Je t'ai supporté pendant 4 ans et en plus, je t'ai jamais touché

Je commençais à avoir peur.

-...

Il s'approche de plus en plus et je recule de plus en plus jusqu'à ce que mon dos touche un mur.

Il était collé contre moi.

-Mais je t'ai vu faire la pute avec l'autre bâtard alors, c'est mon tour maintenant.

- Tu ne me touches pas, t'as compris sinon

Il me coupe en riant.

-Sinon quoi ? Qui va t'entendre ?

Je commence à crier et

Il prend une écharpe et me l'attache autour de la bouche.

-Ferme ta gueule

Il enlève sa veste et attache mes mains ensemble avec.

Non, il ne pouvait pas me faire ça. Il n'avait pas le droit.

J'essayais de faire du bruit et le supplier avec mes yeux, mais il répliquait en me donnant des gifles accompagnées de « ta gueule salope ».

Même si c'était la nuit, il y avait un lampadaire qui transmettait un peu de lumière, juste assez pour que je voie ce monstre réaliser mon pire cauchemar.

Mes yeux se remplissaient de larmes.

Ne fait pas ça. Je t'en prie.

Ya ' (□□□□Allāh), aide-moi.

Il enlève brusquement mon haut et tout ce qu'il y a en dessous. Ses mains me touchaient, me salissaient de ses mains crasseuses.

Je veux fermer les yeux, mais il me force à les garder ouverts en me menaçant de me tuer.

Il enlève mon pantalon...

J'essayais de me débattre, mais j'étais impuissante.

Il continuait de me toucher et de me donner des images qui seront, malgré moi, gravées dans ma tête à jamais.

Il arrache ma culotte et avant de faire ce qui va me détruire à jamais, il me regarde dans les yeux en souriant.

Je ne veux pas détailler le reste parce que c'est douloureux, autant physiquement que mentalement.

« Les blessures ? Elles guérissent. Mais les cicatrices seront toujours là. »

Mais s'il y a une manière très simple de vous expliquer qu'il m'a fait et bien la voici : il m'a violé.

Le vent sur ma joue, les bruits qui sortaient de sa bouche, la douleur entre mes jambes, le bruit de l'ampoule qui grésillait, son parfum répugnant, son étreinte étouffante, mes larmes qui coulaient sur son foulard… tout ça me hantent encore aujourd'hui.

Je ne sais pas pendant combien de temps l'horreur a duré, mais 30 secondes auraient déjà semblé être trop longues.

Après ça, tout est un peu flou. Je crois que je ne voulais pas être consciente mentalement de ce qui arrivait.

Il m'avait violé comme ça dans une ruelle.

J'étais sale avec tout le sang qui coulait sur mes jambes. Je voulais qu'on m'écrase à l'aide d'une voiture pour que je n'aille pas à me lever pour vivre le reste de ma vie avec ce souvenir ignoble.

J'avais mal, tellement mal. Une douleur atroce que même les mots ne lui rendent pas justice. Mes larmes coulaient, elles n'arrêtaient pas de couler.

Il m'avait enlevé quelque chose que je ne pourrais jamais ravoir. Il m'avait à jamais marqué. Je savais qu'à partir de ce moment je ne pourrais jamais avoir une relation normale avec un homme.

Je voulais juste mourir.

Je pleurais à chaude larme et je me sentais comme un déchet. Je ne crois pas que je me sois sentie aussi bas dans ma vie que dans ce moment-là.

Il avait brisé mon cœur à jamais. Comment j'allais pouvoir regarder mon père dans les yeux ? Comment j'allais pouvoir regarder Chems dans les yeux ? Comment j'allais pouvoir ME regarder dans le miroir ?

Ahmed était encore là, je ne sais pas s'il voulait recommencer, mais de tout ce qu'il disait, j'ai entendu une phrase qui était comme la dernière balle pour m'achever.

« Maintenant on va voir s'il voudra encore de toi. »

J'étais comme poupée sans vie gisant sur le sol, les yeux dans le vide, la vue complètement embrouillée par les larmes.

J'entends au plus loin une voix.

?? -Putain Ahmed qu'est que tu fais ??

J'ai entendu Ahmed prendre la fuite et quelqu'un d'autre s'approcher de moi.

Je sens tout de suite une veste atterrir sur moi.

J'ai sursauté au contact du tissu. Je tremblais de peur. Mon corps complet frissonnait. Il a retiré l'écharpe de Ahmed autour de ma bouche et la veste qui attachait mes mains.

: Je suis Mehdi, son grand-frère, je l'ai suivi parce que j'ai vu qu'il avait un comportement étrange tout à l'heure à la maison. Je pense qu'il t'attendait proche de chez toi. Je l'ai perdu en essayant de le suivre pendant 20 minutes. Je suis sorti de ma voiture après avoir vu la sienne garée pas très loin, j'ai entendu des bruits ici et...

Il me racontait le récit du pourquoi du comment il était là.

J'étais dans un état de moitié de personne, je ne l'écoutais pas.

Mehdi-Faut que tu ailles à l'hôpital.

J'ai commencé à pleurer plus fort et les seuls mots qui sont sortis de ma bouche étaient : Maman... maman.

Mehdi-Tu veux que j'appelle ta mère ? Je dois appeler une ambulance en premier...

Il a essayé de m'aider à me relever, mais je ne le laissais pas, je ne voulais pas qu'on me touche, surtout pas un homme qui ressemblait à Ahmed.

J'avais de la misère à respirer tellement mes larmes coulaient à flots.

L'ambulance est éventuellement arrivée, ainsi que la police.

Ils m'ont mis sur une civière et le reste après ça est complètement flou. D'après moi, ils m'ont endormi parce que je n'arrêtais de pleurer.

Arrivée à l'hôpital, ils m'ont directement passé des tests par rapport à mon viol et personnellement, je ne souhaite pas détailler les procédures.

Ils m'ont placée dans une chambre et ils ont décidé de me garder en observation. J'avais une déchirure vaginale. Les risques que je tombe enceinte était quasi-impossible parce qu'Ahmed avait un condom.

Je ne sais pas après combien de temps je me suis réveillé, mais mon père était là à côté de moi en train de récitait une Dou'â.

Il avait des larmes qui tombaient de ses yeux.

Il a senti mon regard, il a tourné sa tête vers moi.

J'ai eu les larmes aussi qui sont tombées automatiquement de mes yeux. Il les a toutes de suite essuyées et a pris ma tête dans ses bras.

- C'est fini maintenant.

9.

Le lendemain, j'étais toujours à l'hôpital.

Mes frères faisaient les gardes devant ma porte et mon père ne me quittait pas un instant. Myriam était venue me voir, elle me tenait la main très fort. Elle m'avait dit que Youness se faisait un sang d'encre pour moi.

Elle m'avait demandé si Youness pouvait venir et j'ai accepté parce que pour moi c'était devenu un frère.

Il est venu quelques heures après et j'ai laissé Myriam lui expliquer ce qui m'était arrivé.

Sa réaction m'a extrêmement touché. Il m'a dit qu'il allait prier pour moi, chaque soir à partir de ce jour-là et qu'il allait me protéger jusqu'à la fin.

Il m'a aussi dit que ma disparition rendait Chems fou. Quand il a prononcé le nom de Chems, j'ai commencé à pleurer.

- Leïla, ne pleure pas

- Il va être dégoûté de moi

- Dégoûté pourquoi ? Tu restes la même Leïla. Tu n'as pas demandé à vivre ce que tu as vécu. Chems va être là pour toi, vous vous aimez comme des fous. Leïla, tu as besoin de tous ceux qui t'aiment autour de toi maintenant.

-...

- Tu veux que je lui parle ?

J'ai hoché la tête en signe de réponse les yeux remplis d'eau.

Je m'étais endormie et mes frères étaient retournés à la maison.

Mon père était parti chercher quelque chose à manger à la cafétéria de l'hôpital.

Mon sommeil était Léger et mes nuits, remplis de cauchemars.

J'étais à moitié endormie, quand je sens quelque chose sur ma main.

J'ouvre mes yeux et je sens un parfum à mes narines que je reconnais. Je le reconnais même dans le noir, c'est Chems.

-Leïla...

-Je vais te venger houbi (mon amour), j'ai juré.

Je vois la porte de ma chambre d'hôpital s'ouvrir légèrement.

-Chems, dépêche-toi frère, son daron arrive

Si seulement j'avais été plus consciente à cet instant... mais avec des si on refait le monde...

Dès que je me suis réveillée le matin, j'ai dit à mon père que je voulais porter plainte. Je lui ai dit que je savais qui m'avait violé et que je voulais qu'il aille en prison.

L'hôpital avait déjà rassemblé mes résultats des tests et en plus, la police avait déjà le témoignage de Mehdi de la première fois quand la police était arrivée sur les lieux du crime.

J'ai dû répondre à toutes les questions que la police me posait. Ils ont procédé à une série de questions. J'ai demandé à mon père de quitter la pièce parce que je n'arrivais pas à parler de ce qui s'était passé s'il était là.

Myriam est restée avec moi à tenir ma main. Les larmes coulaient à flots et ma poitrine était lourde, trop lourde.

Les images me revenaient à l'esprit et je tremblais juste à devoir mettre des mots sur ce qui s'était passé.

Penser à quelque chose de douloureux est une chose, mais s'ouvrir à voix haute sur le sujet en est une autre.

Ce viol avait brisé quelque chose en moi. J'étais toujours paniquée, anxieuse et angoissée.

Je pouvais passer beaucoup de temps les yeux dans le vide.

C'était comme si toute ma vie j'étais un ballon attaché à une barre et qu'Ahmed avait coupé le fil et que maintenant, je m'étais retrouvée perdue dans le fin fond de l'espace.

Bref, subir un interrogatoire ne faisait qu'ouvrir à nouveau ma blessure.

Mais, Ahmed était maintenant recherché.

Le lendemain.

J'étais avec Youness et Aymen dans ma chambre d'hôpital. C'était ma dernière journée avant de pouvoir retourner chez moi.

Aymen regardait son phone et Youness me racontait une histoire quand Seif fait son entrée.

-Ahlan (Bonjour) tout le monde, j'ai une bonne nouvelle ! Celui qui s'en est pris à Leïla, il a eu leçon de sa vie hier soir !

Aymen-De quoi tu parles ?

-Ouais il s'est fait tabassé au point d'être mis dans un coma artific iel...

Aymen-Comment tu sais ?

-La police a appelé Papa ce matin pour lui dire qu'il avait trouvé le bâtard !

Aymen-Et c'est qui a réglé son compte ?

-Je sais pas, ils n'ont pas dit de nom

Aymen-Le mec c'est un héros... dommage qu'il a été arrêté par les policiers, c'est chaud quand même...

-Ouais, il va prendre cher mon gars, on parle entre 4 et 5 ans de prison, apparemment il avait déjà un dossier criminel... il va bientôt avoir son jugement, moi je veux bien y aller pour lui serrer la main. Il a défendu l'honneur de ma sœur sans même le savoir.

Youness me regardait. Je retenais mes larmes. On avait compris tous les deux qu'il parlait de Chems.

Après ça, tout ce que Seif disait c'était comme si je n'entendais plus rien.

C'était comme si le temps s'était arrêté.

C'était comme si une chaleur étouffante avait paralysé mon corps.

C'était comme si mon estomac était complètement retourné.

Ce n'était que de l'écho autour de moi.

C'était la goutte qui débordait le vase, je n'en pouvais plus.

J'ai commencé à avoir de la difficulté à respirer...

-Leïla?

- Elle est pâle !? Qu'est qu'elle a ?!

J'étais en train de faire de crise de panique.

Il a appuyé un bouton pour appeler une infirmière et le reste, je préfère ne pas en parler.

Le lendemain vers 14 h.

J'étais chez moi, dans le salon, enrobé d'une couverture, je tremblais, pas parce que j'avais froid, mais parce que j'avais peur.

J'avais un mauvais pressentiment.

Mon père était à côté en train de regarder la télé.

Quelques minutes plus tard.

On sonne à la porte. Mon père croyait que c'était ma mère alors que non. C'était.... c'était le père de Chems.

Il avait une allure horrible. Les cernes en dessous de ses yeux m'indiquaient que lui aussi manquait de sommeil.

Le père de Chems, Ali -Assalamu alaykoum

Mon père avait l'air extrêmement surpris de le voir.

Mon père-Wa alaykum assalam

Ali- Je sais qu'on ne se parle plus depuis des années, mais si je suis venu chez toi, c'est parce que je n'ai plus d'autre choix

Mon père-Mais qu'est que tu.. ?

Ali- Il faut que ta fille témoigne au jugement de mon fils

La tension était plus que palpable.

Mon père : Et pourquoi ?

Ali-Il va aller en prison à cause d'elle.

Mon père - C'est quoi cette histoire Leïla ?

Il se tourne vers moi. Je ne disais rien.

Ali -C'est mon fils qui a tabassé celui qui l'a violé et maintenant il risque 4 ans de prison.

Mon père prend un moment de silence. Il était très confus.

Mon père : Qu'est que tu veux que ma fille fasse ? Elle n'a aucune preuve pour l'aider.

Son père me regarde. Mon cœur battait à une vitesse phénoménale.

Ali -Je suis convaincu qu'elle peut trouver quelque chose.

Mon père-Ali, je suis désolé pour ton fils et j'apprécie énormément son geste, mais ma fille a trop était entouré par la police ses derniers temps. Elle a trop vécu de stress pour se mettre dans une situation comme ça.

- Je vais le faire

Les deux se retournent vers moi.

- J'ai juste besoin de mon assignation de témoignage et j'y serais.

Ali nous a dit indiqué qui joindre pour pouvoir témoigner, nous a remercié et il est parti.

Mon père est venu s'asseoir à côté de moi.

Mon père : Tu sais que tu n'es pas obligée

- Je sais, mais j'en ai envie.

2 heures plus tard.

Ma mère est revenue de Dubaï.Personne ne lui avait dit ce qui s'était passé, parce que ça ne se dit tout simplement pas au téléphone ses genres de nouvelles. Tout ce que je sais c'est que mon père lui avait dit de revenir au plus vite.

J'essayais de dormir quand elle est arrivée.

J'ai entendu quelques minutes plus tard un poids tombé par terre et la voix ma mère dire non non non ya Rabi. Je l'entendais pleurer.

Je me suis levé de mon lit et je suis sortie de ma chambre.

J'ai trouvé ma mère par terre à genoux et mon père qui la tenait.

Je me suis mis à genoux devant elle, les larmes aux yeux.

-Maman

Dès qu'elle m'a vu, ses larmes ont redoublé d'intensité.

Elle m'a prise dans ses bras.

Après une longue d'étreinte entre mon père et ma mère, elle a pris mon visage et m'a dit : Celui qui t'a fait ça, il ira en prison pendant de nombreuses années et il va vivre avec le regret toute sa vie. Ton père et moi on va toujours te protéger. Je vais tout faire pour que ça arrive.

Aucun mot ne sortait de ma bouche, mais je savais que ma mère ne me lâcherait jamais.

Elle dormait avec moi la nuit.

Si on pouvait appeler ça dormir. Quand je fermais les yeux, je revoyais la scène...j'avais l'impression de la revivre.

10.

La semaine d'après, mercredi, vers 15 h

J'étais assise dans la salle d'audience avec ma mère et mon pouls battait à une vitesse fulgurante.

Ils ont fait rentrer l'accusé...Chems.

Le voir menotter avec la tête baissée... et dire qu'il faisait tout pour éviter la prison.

Par la suite, on m'a appelé à témoigner.

Je me suis assise dans la barre des témoins.

On a échangé un long regard.

Je m'en souviens comme si c'était hier...

Ses yeux criaient la tristesse.

Je ne les quittais pas de mon champ de vision. Ses paroles me sont revenues en tête.

« Je vais te venger houbi, j'ai juré. »

Pourquoi ? J'ai besoin de toi plus que toute autre chose...

Juste penser à tout ça, il y a quelque chose en moi qui meurs.

Et j'ai témoigné.

Je leur ai dit qu'Ahmed me voulait du mal depuis le début et que Chems ne voulait que me protéger. J'ai dis aussi qu'Ahmed avait des mauvaises intentions envers Chems depuis plusieurs mois. Qu'il l'avait qualifié de bâtard et voyou.

J'essayais du mieux que je pouvais de donner un discours favorisant Chems.

J'ai répondu à toutes les questions en me retenant de pleurer.

Je sentais le regard de Chems pendant tout mon témoignage. Je voyais ses jointures se serrer.

Le voir comme ça me brisait le restant des morceaux du cœur que j'avais.

Ma mère était assise, qui d'ailleurs était la seule que j'ai laissé venir avec moi.

Je voyais le père d'Ali se ronger les ongles.

Enfin, je voyais les parents d'Ahmed... sans commentaire.

Ensuite, le moment du verdict est venu.

Juge : Je déclare Chemsdine Adam Nasri coupable de voies de fait graves.

Il est condamné d'une peine de 37 mois de prison.

Mon pauvre petit cœur explosa.

La juge -L'audience est levée.

Un policier lui mettait les menottes et Chems le pousse et il a commencé à essayer de marcher vers l'audience, vers moi.

Il crie de tous ses poumons.

-LEÏLA JE T'AIME.ANHABEK TOL HYATI. (Je t'aimerais toute ma vie)

Voilà comment j'ai su que Chems m'aimait.

Je commence à essayer de me diriger vers lui.

Je voulais lui dire que je l'aimais aussi.

Non s'il vous plaît, laissez-moi-le voir, laissez-moi lui dire que je l'aime.

Non, cet homme c'est ma bouffée d'oxygène, je vous en prie, laissez-moi lui dire que je meurs d'amour pour lui.

Non, on est fait pour être ensemble, je vous en supplie...

Ils sont deux à le retenir, le tirer vers la sortie.

J'essayais d'aller vers lui et j'ai vu ce gardien de sécurité commencer à se diriger vers moi.

Il a commencé à m'entourer pour que je m'éloigne.

Chems criait mon nom.

-LEÏLA

On a échangé un dernier regard. Il essayait encore de se débattre.

Les larmes coulaient sur mes joues.

La porte se ferme, nous séparant.

Je t'aime aussi Chemsdine.

Quelqu'un m'a dit un jour que le soleil mourrait chaque nuit pour que la lune respire...

LEÏLA JE T'AIME.ANHABEK TOL HYATI. (Je t'aimerais toute ma vie)

Ses mots raisonnaient dans ma tête encore et encore.

Mon cœur était en miette.

Je suis tombé sur mes genoux et mes larmes coulaient toutes seules. C'est comme on écrasait mon cœur à répétition. Je me trouvais désemparée, dans la noirceur. J'étais devenue une spectatrice de ma vie qui tombeait morceau après morceau, bloc après bloc.

Le gardien de sécurité me disait de me relever, mais je n'y arrivais pas.

La douleur était trop forte. Je sentais cette masse, ce poids en moi qui se formait au fond de ma poitrine... je voulais crier, mais aucun son ne sortait...

Ma mère est arrivée en courant, essayant de me réconforter.

J'étais inconsolable.

Vous savez quand quelque chose de tellement inattendu ou horrible vous arrive ?

Par exemple, quelqu'un qui quitte votre vie alors que vous ne vous y attendiez pas ?

Et que vous avez du mal à y croire que ça vous arrive à vous, alors vous avez l'impression que vous êtes dans un rêve et que vous allez vous réveiller ?

Mais ce n'est pas un rêve, c'est la réalité. C'était une des émotions que je ressentais.

J'entendais la voix d'un homme dans le brouhaha. Je la reconnaissais cette voix...

Je ne sais pas comment, mais Seif, mon frère, était là. C'était lui qui nous avait déposés, mais il était censé retourner à la maison... ma mère a sûrement dû lui demander de revenir plus tôt.

Il m'a vu en larmes par terre.

Jusqu'au jour d'aujourd'hui je suis reconnaissante pour ce qu'il a fait par la suite...

Il a mis mon bras sur ses épaules et il m'a prise. Je pleurais fort et il ne disait rien.

Il m'a littéralement porté jusqu'à la voiture...

Arrivé dehors, il m'a allongé sur la banquette arrière et ma mère m'a suivi. Elle a posé mes pieds sur ses genoux et me caressait les jambes.

Je n'arrivais pas à me calmer.

J'essayais, je vous le promets... mais c'était trop.

Chems c'était ma lumière, mon soleil...

Son sourire ne faisait que revenir en tête.

Sa manière de me regarder quand je disais n'importe quoi, comme si lui ça ne le dérangeait pas, qu'au contraire, ça le charmait.

Sa manière de ne jamais baisser son regard sur mon corps, toujours en train de me regarder dans les yeux...

Et enfin, sa manière de toujours se retourner en souriant chaque fois qu'on se quittait. Dévoilant ses fossettes...

Trop de stress me submergeait.

Comment j'allais pouvoir continuer sans Chems pendant 3 ans ?

Quand la voiture s'est arrêtée, il m'a repris de la banquette arrière et arrivés à la maison, Aymen et mon papa semblaient affolés.

Arrivés dans ma chambre, il s'est assis sur mon lit, il m'a mise sur mes genoux et il a essuyé toutes mes larmes.

Vous vous rendez compte que c'était mon petit-frère, âgé de presque 3 ans de moins que moi, qui me consolait, qui me soulevait dans mon pire moment ?

- Wech biki (qu'est que t'as) ? Pourquoi tu pleures autant ?

- Ils me l'ont enlevé

- Chkoun (qui) ?

-...

- Tu l'aimais celui qui a tabassé le bâtard hein

-...

-Je vais pas le dire à Papa t'inquiètes

Seif, malgré qu'il a toujours été un peu un enfant perturbé, il m'a toujours énormément respecté en tant que sa grande sœur. C'est toujours moi qui l'ai aidé dans ses leçons à l'école et qui allais lui parler quand il faisait une connerie. J'étais plus que sa grande sœur, des fois il me voyait comme une seconde mère et moi comme mon fils.

Et pour la première fois, je me sentis comme sa petite sœur...

- Il a pris combien ?

- 3 ans... qu'est que je vais faire maintenant

Il a enlevé les cheveux de mon visage et essuyé mes larmes.

- Tu vas prier pour lui, pour toi... Tu vas demander à Dieu de te faciliter, qu'il le facilite. Tu vas aller à la salle avec moi comme ça on va t'apprendre à te protéger des malades dans la rue. Tu vas aller voir une psychologue et tu vas grandir. Tu vas continuer à aller à l'école, tu vas avoir ton diplôme et tu vas même te trouver un emploi. Et même là, j'en passe plein d'autres choses. Tu vas changer en mieux et tu verras que le temps va passer vite avec toutes ses choses à faire In Shaa Allah.

- In Shaa Allah

- Maintenant, tu devrais dormir un peu et demain tu vas aller mieux d'acc ?

- Tu ressembles à Papa quand tu parles... tu as grandi. Qu'est qui t'as changé comme ça ?

Il a souri et il m'a levé de ses genoux. Il a poussé la couverture et je me suis allongée.

Je me suis endormie parce que les larmes m'ont rapidement donné l'envie de dormir.

Je me suis réveillé en pensant que c'était le milieu de la nuit et j'ai entendu mes parents parler.

- Je n'arrive pas à la regarder dans les yeux Yasmine... je me sens coupable c'est moi qui lui a dit de chercher un médicament pour son frère

- Wissem c'est le mektoub, mais ça va pas de dire ça ?! Ta fille a besoin de toi avant tout.

Mon père était tellement affecté par le viol qu'il n'avait pas fait le lien avec le fils d'Ali. Il croyait que je me comportais comme ça à cause d'Ahmed, mais j'en avais plus sur mon assiette et ça, il ne pouvait jamais le savoir !

Une semaine plus tard

La semaine avait passé très lentement.

J'essayais de manger, mais je ne trouvais pas l'appétit.

Je refusais de voir qui que ce soit et ma mère n'invitait plus personne à la maison.

Chaque fois que je prenais ma douche, je frottais trop fort sur mon corps à croire que ça pouvait changer quelque chose...

Je ne pouvais pas m'empêcher de penser à lui.

La vie avait perdu son goût.

Un soir, alors que j'étais encore en train de lire ce que le jour doit à la nuit, ma mère est rentrée et elle m'a donné un peu d'espoir.

Elle s'est rapprochée de moi et s'est assise dans mon lit.

-Tu sais pourquoi on t'a nommé Leïla?

J'ai lâché mon livre.

-Non tu m'as seulement dit que c'est Papa qui aimait beaucoup le prénom

-Oui haha, mais tu sais pourquoi il aime tant le prénom Leïla ?

J'ai secoué la tête en guise de réponse.

-Parce que peu importe ses différentes phases, elle illumine toujours le ciel malgré sa noirceur.

-Un jour une femme comparait la lune par rapport à comment elle considérait son propre cœur... Elle disait que comme son cœur, la lune était la seule lumière qui la guidait dans ses plus sombres nuits.

-Mais on ne voulait pas t'appeler Qamar (Lune) , on voulait quelque chose de doux au son. Ce que j'essaie de te dire ma fille... c'est que

Elle prends une grande respiration.

-Si tu peux aider ce garçon, fais-le... je sens que tu te sentirais mieux.

J'ai vu dans ses yeux qu'elle avait compris que Chems et Ali s'étaient deux histoires complètement différentes. Mais, tout comme moi, elle n'était pas prête à en parler.

Deux jours plus tard.

Peut-être certaines diront que je suis folle, mais j'avais pris une décision importante.

J'ai décidé d'aller voir le père de Chems. Vous verrez pourquoi.

Je connaissais son adresse par Youness, je lui avais demandé de faire ses recherches.

J'ai appelé Myriam pour qu'elle m'y conduise et qu'elle m'y accompagne. Je ne pouvais pas supporter être seule dans la rue.

Myriam a dit à ma mère qu'elle voulait me faire sortir un peu et elle a accepté.

Après 20 minutes dans la voiture, nous y voilà. Nous étions devant chez Chems.

C'était une maison dans l'ancien quartier de mon père.

Je sors de la voiture et Myriam me dit qu'elle ne bouge pas d'ici.

Je sonne à la porte et une femme, elle avait peut-être 30 ans, m'ouvre la porte.

-...

- Bonjour, c'est possible de voir Monsieur.Nasri?

Elle était belle, mais ses manières de se tenir et de me regarder étaient grossières.

-ALI YA QUELQU'UN POUR TOI !

J'entends des pas vers la porte.

Elle machait son chewing-gum en me regardant.

Elle : Est-ce qu'il t'a promis d'être sa deuxième femme parce que ça va pas le faire...

Mais elle a aucune classe celle-là.

Je la regarde confuse.

J'allais répondre quand j'entends la voix d'Ali.

Il passe la moitié de son corps dans le cadre de porte et dès qu'il me voit, son visage change.

Il lui dit en arabe de nous laisser.

Il ferme la porte derrière lui et il s'assoit sur les marches de son porche.

Je reste debout.

-Salam

-Salam

- Je suis venue pour euh

Je n'arrivais même pas à prononcer son prénom.

-Chemsdine...

J'ai baissé la tête.

Il me regarde intensément.

Il passe la main sur son visage.

-C'est fou comment tu lui ressembles, ça me choque chaque fois

-...

-Est-ce qu'elle va bien ?

Il se reprend tout de suite.

-Ma question est stupide, elle doit sûrement être dépassée par tout ça.

- Alhamdulillāh, elle tient le coup

-Est-ce qu'elle dit encore « mais ça va pas ?! »

J'ai fait un mini sourire.

- Oui tous les jours même

-Et Wissem... ton père il la rend heureuse ?

-Oui.

Il baisse la tête et regarde le sol.

-Quand je regarde mon fils, il me fait penser aux choses que j'aurais pu faire bien quand j'avais 24 ans.

Sur le coup, je n'ai pas réagi parce que je ne voulais pas ouvrir une autre boîte d'émotions hautes en couleur.

- Donnez-lui ce livre

Il me regarde et je lui tends le roman.

- C'est mon livre préféré et je veux qu'il le lise

C'était évidemment ce que le jour doit à la nuit.

Il regarde le livre et souris. Je remarque qu'il a une fossette et j'ai compris que ça venait de lui ceux de Chems.

-Ta mère passait son temps à m'obliger à regarder le film, mais je n'ai jamais voulu je sais pas pourquoi d'ailleurs haha

- Vous ne savez pas ce que vous manquez alors !

-Non ne t'inquiète pas, je sais très bien ce que je manque.

Il avait un sourire triste.

C'était une phrase à double sens bien sûr.

-J'ai quelque chose pour toi, je reviens.

Il revient 2-3 minutes plus tard.

-Chemsdine m'a donné ça avant son jugement, il savait qu'il allait prendre beaucoup. Il voulait que je le mette à la poste.

- C'est quoi ?

-Je sais pas, je l'ai jamais ouverte, mais je sais que c'est pour toi

Je la tenais fermement en la regardant.

-Merci. À la prochaine In Shaa Allah

-In Shaa Allah

J'allais quitter quand je me suis retourné vers lui et je lui ai dit ce que j'avais sur le cœur.

- Je ne veux pas vous manquer de respect, mais votre fils, il est merveilleux et c'est dommage que vous ne le voyez pas. C'est le plus bel homme que j'ai rencontré dans ma vie. Vous devriez en être fier. Vous devriez lui donner tout l'amour qu'il mérite... il ne le dit pas, mais ça lui fait mal tout ça c'est pour ça qu'il a toujours la cigarette à la bouche. Prenez soin de lui avant qu'il se marie, qu'il s'éloigne de vous et qu'il fasse tout pour vous oublier...

Myriam m'a reconduit chez moi et dès que je suis arrivée chez moi, j'ai filé dans ma chambre pour ouvrir ce que Chems avait laissé à son père pour moi.

C'était une lettre.

Je l'ouvre et c'était comme suit :

Leïla pardonne moi...

Putain, comment j'ai eu le démon, je me suis pas contrôlé...

Si j'avais pu, je l'aurais fumé, flingué...

Putain, je veux que tu comprennes... c'est toi qu'il a touché... ma Leïla...

C'est Leïla et Chems, Chems et Leïla... c'est pour la vie non ?

Je ne pouvais pas rester sans rien faire...

Leïla, pardonne-moi pour toutes les fois où je me suis énervé comme un con sur toi.

Leïla, pardonne-moi pour toutes les fois où j'ai eu des mauvaises journées et que j'ai lâché toute ma rage sur toi.

Leïla, pardonne-moi pour toutes les fois où j'ai fais le bâtard avec toi.

Leïla, pardonne-moi pour toutes les fois où je ne t'écoutais pas dire tes bêtises habituelles, si je savais su comment elles m'auraient manquées un jour, je t'aurais fait répéter mille fois.

Leïla, pardonne-moi pour toutes les fois où j'ai fumé à côté de toi alors que je sais que tu n'aimes pas ça.

Leïla, pardonne-moi pour toutes les fois où je t'ai fait mentir à tes parents pour qu'on puisse se voir.

Leïla, pardonne-moi pour toutes les fois où je ne t'ai pas assez rassurée quand tu croyais que je draguais une fille alors que c'était pas ça du tout.

Leïla... je sais que c'est la prison qui m'attend et je vais devenir fou.

Ce qui va me rendre le plus fou c'est de ne pas pouvoir te protéger. Ca me rends malade qu'on puisse te faire mal parce que je te connais.

Tu fais croire à tout le monde que tu es forte, mais tu es fragile...

Comme je te l'ai dis la première fois que je t'ai vu, tu es une fille à papa...

S'il te plaît Leïla, reste entouré de tes frères, de Youness, de ton père.

Ton rire me manque déjà... je vis pour ce rire si tu savais.

Tu es la seule chose que j'ai de bien dans ma vie. La seule chose que j'ai pas ruinée.

C'est cette vie qui m'a niké, qui fait que je nike toujours tout, mais toi je te garderais pour toujours dans ma poche si je pouvais.

Mais je peux pas être égoïste avec toi surtout parce que toi tu ne l'as jamais été avec toi.

Je te demanderais jamais de m'attendre, mais le jour que je sortirais je ferais tout pour te ravoir...

Ne viens pas me voir en prison, c'est pas un endroit pour toi, beleki (attention) je te vois là-bas !

Chems

J'avais les larmes aux yeux, la lettre avait encore son parfum.

J'étais entêtée à attendre Chems parce que je sentais que c'était lui le bon. J'aurais pris sa place en prison avec lui juste pour m'assurer que je ne le perdrais jamais.

Mais, des fois dans la vie, les choses ne se déroulent pas comme on veut et tout ce qu'on s'était imaginé n'a pas lieu d'être.

C'est pour ça que vous avez besoin de lire la suite.

11.

Le mois qui a suivi. J'ai eu mes 21 ans et ce n'était pas mon meilleur anniversaire...

Disons que je l'ai passé chez moi avec ma famille avec une tête de déprime.

J'avais toujours des problèmes de sommeil et ma mère et moi, on a déposé ma référence du médecin de l'hôpital pour voir un psy.

J'étais en liste d'attente pour le moment.

Bref, je ne voulais jamais sortir et j'esquivais tout le monde

Un jour, mon frère en a eu marre alors il m'a trainé par le bras et il m'a obligé d'aller faire de la boxe.

-Ca suffit, tu vas apprendre à te défendre et pas à casser les cheveux à Shirine parce qu'elle a volé ta pizza

J'ai presque ri à sa blague pourrie.

Il devait aller travailler, mais il m'a dit qu'il allait me déposer et que Youness m'attendait à la salle et qu'ils avaient tout déjà prévu.

Parlant de Youness, c'était lui qui permettait l'échange de lettres entre moi et Chems. J'avais de ses nouvelles un peu.

Bref, j'arrive à la salle et il y avait quelques mecs.

Dès que Youness me voit, il commence à sourire.

-Wesh la miss, ça va ?

- Ça va et toi ?

-Ouais, un ami à moi va bien t'entraîner

- C'est pas toi qui allais faire ?!

-Je ne connaît rien en enseignement d'auto défense, moi je fonce dans le tas et c'est tout

- Et c'est pas bon ça ?

?! : Non c'est pas bon ça

Je me retourne et je vois Monsieur.Muscles.Je me souviens de sa gueule chaque fois qu'il venait au kebab toutes les filles gloussaient.

Moi je n'aime pas comment il prend tout le monde de haut comme ça, il dégoûte.

Les gens lui parlent comme s'il avait découvert une mine d'or ou sauvé une vie lors d'une opération à cœur ouvert.

Il venait au kebab alors qu'il ne mangeait rien, je me souviens qu'il critiquait Youness de cuisiner de l'obésité aux gens... mais de quoi je me mêle...?

Youness le checke.

-Leïla c'est lui qui va t'entraîner !

Oh non. Oh non. J'avais envie de lui mettre de l'insecticide dans les yeux et commencer à courir.

Je suis convaincue que même avec la vue en moins, il a des super pouvoirs et qu'il va trouver un moyen de me rattraper dans la rue, c'est hulk ce mec. Avec ses grosses jambes et ses gros pieds, il va briser le trottoir.

Je m'approche avec réticence.

Il me serre la main qui m'a presque cassé les jointures avec son bloc de bois qu'il appelle « une main ».

-Moi c'est Driss

-Leïla.

Lui : Je vais t'apprendre les bases et ensuite on va boxer dans le ring.

Il avait une tonalité d'un entraîneur, mais en même les manières d'un arabe qui est constamment sur les nerfs. Il me faisait penser à un des sept nains dans Blanche-Neige, celui qui est toujours énervé. Le grincheux… voilà !

Il me montrait les bases de la boxe, mais moi je savais déjà tout ça. Je faisais semblant de ne pas savoir.

Après ses explications, la salle s'est vidée et il n'y avait que lui, moi, Youness (qui écoutait un film avec ses écouteurs sur son phone) et un autre mec qui faisait de la paperasse dans un bureau (il ne nous occupait pas).

On s'est installé sur le ring et il m'a demandé de le frapper avec les gants pour déterminer si j'ai de bons réflexes et une bonne force musculaire.

Il pensait que je n'allais pas me débrouiller, mais je l'ai surpris.

-Ahh d'accord on est pas débutante… mais tes techniques c'est pas du tout ça

Je l'ignorais et je continuais de frapper avec un sourire confiant.

- C'est pas toi qui sors avec Chems ?

Mon sourire confiant a automatiquement disparu.

- Pourquoi tu parles de lui ?

-Pourquoi je dis sors, c'est plus « sortait » non ?

- De quoi je me mêle ?

-Il est allé en prison pour une connerie non ? Tu crois qu'il va penser à toi là-bas ?

Je perdais mon rythme, mon attention...

Mon cœur battait trop vite et surtout la douleur dans ma poitrine refaisait sa apparition.

-Tais-toi

Je continuais à essayer de lui donner des coups.

-Il va sortir et il va te laisser pendant que toi tu espères pour rien

-Arrête

J'essayais de lui donner des coups, mais il les esquivait tous. Je commençais à sentir cette pression et l'eau dans mes yeux, provoqués par les débuts de larmes, brouillait mon regard.

-Tout ce qu'il t'a dit c'était juste des disquettes, il s'en fout de ta gueule

-ARRÊTE

-Il va t'oublier en prison et il va trouver une fille mieux que toi dès sa sortie

J'ai arrêté de frapper et je suis tombé sur mes genoux. J'avais les mains sur mon visage et je pleurais.

- C'est ça ton maximum ? Tu es lâche...

J'entends quelqu'un courir et monter sur le ring. J'ai reconnu la voix de Youness.

-MAIS T'ES FOU PUTAIN

Il s'approche de moi pour m'entourer, il essaye de me calmer.

-Elle est faible tu crois que tout le monde va lui donner des fleurs ?

-LA FILLE S'EST FAIT VIOLÉE ET TU LUI PARLES COMME ÇA

Youness commence à enlever sa veste.

-TU MÉRITE QU'ON TE CASSE LA GUEULE

J'ai mis ma main sur la jambe de Youness pour l'empêcher de se battre.

Il s'est retourné.

-Viens on rentre.

Il m'a aidé à me relever et je n'ai même pas osé regarder Driss.

Arrivée devant chez moi, je respirais plus normalement.

-Je suis désolé Leïla, je ne croyais pas qu'il allait te parler comme ça

J'essuie ma joue.

- Ce n'est pas de ta faute...

Je suis rentré chez moi et deux semaines plus tard, Youness m'a appelé pour me dire que Driss s'excusait et qu'il voulait recommencer l'entraînement.

J'ai accepté parce que je voulais me prouver à moi même que j'étais capable d'apprendre à me défendre avec le sheytan en personne comme entraîneur.

Alors 3 jours plus tard, Youness est venu me chercher pour l'entrainement.

Il avait l'air énervé et ses mains tremblaient.

- Qu'est que t'as ?

-Ta cousine me trompe zeubi

-Quoi? Mais avec qui ?

-Avec un renoi

-Quel renoi ??

-Je sais pas moi putain, mais Djamel vient de m'envoyer un message, elle est en train de faire les magasins avec un renoi

- Mais c'est peut être juste un ami...

-Mais nan, elle est bizarre ses derniers temps, elle cache tout le temps son phone

-...

-On y va maintenant, je vais dire à Driss qu'on arrive en retard

- Mais non, ne me mets pas dans tes délires la

- C'est TA cousine, c'est devenu TON problème aussi

- T'es fou

-Ouais et alors ?

15 minutes plus tard

On arrive devant un centre commercial, on était bien garé devant l'entrée et comme la vie est tellement bien faite, Myriam en sort au même moment avec le fameux mec.

Mais attends une minute je le reconnais ce renoi.

Mais c'est Momo, le fils de Mamadou.

Mais il a 18 ans, c'est la génération de mes petits frères, elle ne trompe pas Youness avec lui !

Momo est tellement beau qu'on le donnerait 23 ans, mais après tu lui parles et tu vois que c'est pas ça hein !

Quand je l'ai vu avec Momo, je ne voulais pas le dire à Youness que c'était limite de l'inceste pour Myriam, je le voulais le faire galérer un peur

-Il a quoi de plus que moi ce pd ? Ta cousine elle va y goûter.

Il a détaché sa ceinture.

- Oh You calme-toi

Youness sort de la voiture en claquant de la porte.

Il a commencé à se diriger dangereusement vers Momo et Myriam.

Moi je courrais en arrière pour le rattraper, mais le mec il était trop grand, 1 mètre 90, ses pas sont l'équivalent de trois fois les miens.

-QUI T'A DIT QUE TU POUVAIS TOUCHER MA MRA (femme) ?

Lorsque Momo a vu Youness avec sa veine qui sortait de son front, il est devenu toute une autre couleur.

Il a commencé à bégayer et bon... Momo il est comme son père hein... lorsqu'il a remarqué les gros bras de Youness, il a commencé à courir.

Il courrait comme si le diable était à ses trousses.

- MAIS QU'EST QUE TU FAIS ? YOUNESS REVIENT ET POURQUOI TU SOURIS TOI ?

Elle me regardait.

- Je suis désolée, mais il croit que tu le trompes avec Momo

- QUOI ?! ET TOI ÇA TE FAIT SOURIRE ?! MOMO VA MOURIR PUTAIN, IL EST ENCORE PLUS FAIBLE QUE SON PÈRE !

Tonton Mamadou n'est pas vraiment respecté !

Elle a pris ma main et on a commencé à courir après eux.

Quand on les a trouvés, Youness tenait les cartes d'identité de Momo dans les mains.

Momo était par terre meskine (le pauvre), il n'osait pas bouger.

-Alors tu as vraiment 18 ans ou tes fausses cartes sont trop bien faites

-Youness, Momo c'est un petit, je le connais depuis qu'il est bébé

-Tu me cache un truc je m'en bats

-Il est venu avec moi avec pour t'acheter ton cadeau d'anniversair e... parce que je savais pas quoi te prendre.

Youness lâche les cartes.

-Tu n'a pas oublié ma fête ?

- Non, ça fait deux semaines j'organise tout

-Tout le monde oublie ma fête d'hab...

- Pas moi

Momo (encore par terre)-Moi non plus, elle me l'a rappelé tous les jours même si je te connais pas.

Ils me regardaient tous zehma pour que je dise moi non plus, mais j'avais oublié frère...

- Euh ouais moi aussi...

Bref, tout est rentré dans l'ordre. Par la suite, on est allé dans la salle et Driss aux gros pieds m'attendait.

On a tout de suite repris l'entraînement et pour être honnête, j'ai appris un tas de choses.

À la fin du dernier exercice, j'attachais mes lacets et il est venu me voir.

- C'était passable aujourd'hui ?

Je ne le regardais même pas.

-Ouais.

-Écoute moi et je ne le dirais qu'une fois, je m'excuse, je savais pas que tu bref... je n'aurais jamais poussé les choses comme ça.

- D'accord

-Mais tu avais besoin de ça,

Je l'ai coupé direct.

- J'ai un psy qui va m'aider pour ça, je suis là que pour apprendre à me défendre. En passant, peut-être ta méthode fonctionne avec les voyous et les meufs qui ont une carapace de cuir ça marche bien, mais moi j'ai eu ma dose, on ne combat pas le feu avec le feu. Des fois, on peut très bien se faire comprendre avec de la douceur...

-...

Je passe un mois et demi. J'ai commencé à voir une psychologue et ça allait légèrement mieux.

Je me montrais forte devant les gens, mais je pleurais toutes les nuits. Je prenais trop de douches par jour et je m'y frottais très fort la peau avec du savon chaque fois.

Mais, la religion et ma famille m'aidaient énormément à traverser cette épreuve.

Je continuais mes entraînements et des fois même Seif venait me voir pour m'encourager.

Pour ce qui est de « donkey kong », Driss, ça va je le tolérais et des fois il me faisait des commentaires, mais rien de blessant.

C'était un samedi soir, je revenais de la salle, j'étais dans ma chambre et je vois que j'ai un appel entrant.

-Appel privé-

-Allo?

?-Ici le roi des bâtards à l'appareil

Quand j'ai entendu sa voix, les papillons dans mon ventre ont refait apparition.Ca faisait trop longtemps je n'avais pas entendu sa voix.

-Chems !

-Ta manière de dire mon nom m'a manqué Wallah, wahhh...

- Tu me manques aussi, tu sais

-Ca va ?

-

-Ça va aussi, pourquoi crevée, qu'est que tu as fais ?

-Entraînement d'auto défense à la salle

-C'est super comme ça quand on sera mariés, tu me fera des prises de catch tranquille au salon avec les enfants

- Mais il y a un truc dans l'eau de la prison c'est pas possible...

-Je te sens sourire non ?

- Ouais un peu

-Mdrr ça va au moins j'ai fais quelque de bien aujourd'hui alors, même si j'aime bien quand tu fais ton insolente

J'ai ris légèrement.

-C'est qui qui t'entraîne ? Seif ou ton père ?

- Aucun des deux, un gars qui s'appelle Driss

-Driss? Celui qui ressemble à un frigo tellement il est baraqué ?

- Ouais lui

-Ton père peut pas s'en occuper ? Je l'aime pas ce gars, il est bizarre.

- Mon père est dépassé par le travail en ce moment

-Leïla, j'aime pas ça, je te demande jamais rien, mais je veux pas que tu t'entraînes avec ce gorille

- Toi même tu le dis ce n'est qu'un gorille

-Je le sens pas, je veux pas...

-Ce que des entraînements, Youness est toujours présent même mon frère des fois

-Je suis en prison pour ta gueule, t'es sérieuse à faire un caprice ?

- Parce que j'ai demandé à me faire violer et j'ai demandé à ce que tu tabasses l'autre ? Pfff tu m'as blessée...

-Leï..

Et je raccroche.

« Loin des yeux, loin du cœur. »

Après ça, j'en voulais à Chems de ne pas avoir réfléchi avant de parler.

Et avec la distance qu'il y avait entre nous, les chicanes c'étaient à éviter...

Normalement, cette dispute aurait pu être une parmi tant d'autres parce que Dieu seul sait combien de fois lui et moi on avait argumenté cette dernière année, mais si ça avait été le cas, si ça n'avait été qu'une chicane futile, je ne vous aurais même pas raconté cet appel, mais cette fois-ci... c'était comme une graine qui était en train de germer.

Bref, avec le temps, ma vie consistait seulement à voir ma psychologue, aller à mes entraînements et prier.

Malgré que j'essayais de remonter la pente et que j'étais bien entourée, celui que je voulais le plus autour de moi était loin et ses derniers temps les lettres qu'on s'envoyait étaient courtes et j'avais l'impression qu'il avait encore un goût amer dans la bouche par rapport à ce que j'aie Driss comme entraîneur.

2 semaines plus tard.

J'étais à la salle et Driss m'expliquait comment placer mes jambes pour suivre un mouvement. Aujourd'hui, j'étais plutôt docile parce que je voulais finir le plus vite possible pour retourner chez moi.

Il s'arrête et me regarde.

- C'est moi ou tu en as marre ?

- Pourquoi tu dis ça ?

-Tu te plaint pas beaucoup, pas du tout enfaite

-...

-Allez, on finit plus tôt aujourd'hui

-Saha (merci) !

-Je crois que c'est la première fois que je te vois me sourire avec les dents

-Ahh oui... haha

- J'aime bien quand on est comme ça, sans prise de tête... quand on a une belle relation

Tu vas te calmer donkey kong là...

-Écoute euh je tiens pas avoir une bonne relation avec toi, tu es mon entraîneur fin.

La tête qu'il a faite, il ne s'attendait pas à ma réponse. Je ne l'ai pas laissé me parler plus parce que j'ai filé aux vestiaires.

Je me suis changée en deux minutes même pas, je voulais déguerpir, je faisais mon possible pour ne pas faire de bruit pour m'échapper de la salle.

Quand j'entends une conversation entre Driss et Youness....

-Elle aime quoi comme genre de gars Leïla ?

Mais putain il est sérieux ?

-Euhh bah elle aime bien son gars hein

C'est un vrai youyou.

-Mais son mec a pris 3 ans, elle va finir par l'oublier

Tfou ! Il dégoûte...

Je prends mon téléphone et j'envoie un message à Youness en me cachant.

-Tu dira à l'arbuste que même s'il m'amène la planète terre sur un plateau en argent, je le renierais.

Youness le lit et s'empêchait de rire.

Je décide de faire comme si je venais de finir de me changer et je dis rapidement à Youness qu'il est temps de partir. Driss me regardait et je n'aimais pas du tout ça.

30 minutes plus tard.

On est garés devant chez moi.

-Driss est juste choqué parce qu'ya jamais aucune fille qui lui a dit non dans sa vie

-Ahhh il est dans le même club que toi, « aucune fille ne m'a jamais dis non »

-Ouais, mais moi c'est sah (sérieux), même ta cousine n'a pas résisté, le charme marocain cousine

Il caressait sa barbe en même temps en plus.

-Il pense qu'il sait gérer toutes les filles, mais il est juste beau gosse c'est tout ce qu'il a pour lui

-Ouais bah c'est fini les entraînements avec lui !

- C'est Chems qui sera content

-...

-Leïla...

-Ouais...

-Tu vas vraiment l'attendre jusqu'à la fin ?

- Oui, In Shaa Allah, bien sûr.

- T'as pas peur que la distance et le temps vous séparent ? Je veux dire vous allez pas vous voir pour les 2 prochaines années et quelques mois

- Mais pourquoi tu me dis ça ? Tu sais quelque chose que je ne sais pas ?!

Mon cœur battait à une vitesse phénoménale.

-Non, mais je dis ça parce que je veux pas que tu aie de la peine par la suite après, Allāhu ʾaʿlam.

-...

- D'ailleurs j'ai une lettre de Chems pour toi

-Yess ! Donne !

Je rentre chez moi et je file dans ma chambre pour la lire.

Je la lis et la relis... et je commence à ressentir de l'anxiété. Qu'est qui lui arrive ?

Salut Leïla,

Je vais bien et toi ?

Je fais de la muscu et je lis beaucoup ses derniers temps.

Boussa

— Chems

Wahhh, mais c'est quoi cette lettre pourrie.. ?

Il n'avait fait que répondre aux questions que je lui avais posées dans la lettre précédente, MAIS en plus juste aux questions qu'il voulait répondre.

J'ai pas la force de lui courir après. J'ai perdu cette étincelle en moi le soir où je me suis fait violer, je ne saurais l'expliquer, il n'avait pas le droit de me faire ça à moi...

Voilà comment la graine a développé sa radicule, j'ai décidé de ne pas lui répondre...

J'ai réellement arrêté les entraînements parce que voilà Chems avait raison depuis le début et je vois pas pourquoi je coterais quelqu'un qui a des motifs ultérieurs.

Éventuellement, Chems a compris que j'étais fâché, on s'est expliqué au téléphone en pensant que c'était notre dernière chicane.

Le mois de septembre est arrivé et le fait d'aller à l'école me changeait les idées, j'étais occupée par des choses importantes. Rien de mieux pour le cerveau.

Je pense que ça faisait deux semaines que les cours avaient recommencées et c'était soit mon père, ma mère, Tonton Sammy ou tonton Mamadou qui m'y conduisaient.

Après une longue je rentre chez moi en remerciant Tonton Sammy.

Je passe la clé dans la porte et j'entre dans le salon.

Je vois mon père me regardait avec un de ses regards. Mon père a le don de donner un regard noir et violent qui te fait questionner toutes les conneries que tu as pu faire dans ta vie.

Mais qu'est que j'ai fais ?

Je vais direct dans ma chambre.

Ma mère y rentre 2 minutes plus tard.

-Leïla quand un garçon a l'intention de venir à la maison pour demander ta main, tu me le dis avant !

- De quoi tu parles ?!

-Un de tes petits copains est venu parler à ton père pour éventuellement demander ta main tout à l'heure

- Que... quoi ?! CHEMS EST DE RETOUR ?

Ma mère me regarde confuse.

-Euh non...

- Alors c'était qui ?!

Ma mère plisse les yeux et passe la main sur son front. En mode super confuse.

-Comment ça, c'était qui ? Tu ne sais pas ?

- Maman, qui est venu ?!

-Euh et ben c'était...

12.

- Euh et ben c'était un homme qui s'appelle Idriss. Je crois que tu le connais non ? C'est ton entraîneur...

Mes mains étaient devenues moites. Mon cœur voulait sortir de ma poitrine.

- Astaghfirullah (que Dieu me pardonne)

-Leïla, qu'est qui se passe, nous on croyait bien faire en t'inscrivant à la salle

- Maman, Wallah y a rien eu entre nous ! Je suis encore avec Chems, je m'en fou de lui, Idriss veut juste semer l'embrouille.

-Ton père est énervé, il ne comprend pas... il croit qu'il se passe un truc entre vous et il n'aime pas le fait qu'avec tout ce qui s'est passé, un inconnu lui parle comme ça de toi...

J'avais l'air de quoi maintenant devant mon père... ?

- Ah mais c'est un malade Idriss... !

-Moi je te crois et j'ai essayé de parler à ton père, mais tu sais comment il est...

Je suis directement allé m'expliquer à mon père. Je lui ai dit que je voulais ne rien savoir de cette demande et que je n'en ai jamais voulu. Je lui ai dit que dès j'ai senti qu'il avait des intentions bizarres, j'ai arrêté les cours d'autodéfense. Quand je suis stressée, on l'entend dans ma voix et ça, mon père l'avait compris.

Je lui ai dit de le laisser dans son délire et qu'avec le temps, il allait m'oublier, enfin, c'est ce que je croyais.

Je vous passe un autre deux mois.

La routine était semblable et j'allais mieux.

Ma psychologue m'aidait beaucoup même si elle me disait avoir l'impression que j'avais toujours quelque chose sur le cœur que je gardais pour moi.

Elle avait raison, je ne lui parlais pas de Chems…

Enfaite, je ne parlais de Chems à personne.

Je gardais tous ses sentiments autant amoureux qu'anxieux dans le fin fond de mon cœur.

Je ne croyais pas qu'en parler me ferait avancer, mais par la suite j'ai appris que c'est important d'extérioriser.

D'ailleurs, Chems et moi ça allait bien. Des lettres ici et là. Aucune dispute à l'horizon.

Je ne lui avais pas dit pour Idriss parce que de un le mec ça fait 6 mois qu'il n'a pas fumé et de deux, je ne voulais pas m'embrouiller avec lui…

C'était un lundi après-midi, je m'en souviens encore…

Pendant la journée, Nourhan (la fille qui travaillait avec moi au kebab avant) m'avait envoyé un message pour me dire « Mabrouk (Félicitations) et qu'elle était contente pour moi »…?Mais de quoi elle parle celle-là ?

Mais j'avais oublié de répondre, car j'étais en classe, alors arrivée chez moi, j'ai pris mon téléphone et je lui dis : « de quoi tu parles ? »

Bref vers 15 h, j'avais mes écouteurs et j'écoutais une vidéo drôle. Soudain, je reçois un appel privé.

-Allo?

: Ouais c'est moi

C'était Chems.

-C'est quoi cette histoire que tu vas te fiancer à quelqu'un ?!

Mon sang s'est glacé.

-Hein ? Mais de quoi tu parles ?

-Jad et Majid (ses amis le plus proches, j'en parle pas parce qu'ils ne sont pas importants, mais ils sont gentils) viennent tout juste de me le dire, ils étaient en visite et pourquoi ils me disent que tu vas te marier ?!?

Il se retenait de ne pas me crier je le savais parce qu'il mettait de l'emphase sur chaque mot qu'il prononçait.

Je paniquais parce que même moi je savais d'où ça sortait.

Je reçois un message pendant qu'il continuait à me demander : qui ? Avec qui Leïla tu te maries putain ?

Je lis le message qui me défile sous les yeux.

Nourhan -Pour tes fiançailles avec Driss ! Il le dit à tout le monde au kebab ma belle, il en est très fier !

Sans m'en rendre compte, je dis à voix haute « Driss ».

-Quoi?Driss ?

Oh non il a cru que j'ai répondu à sa question ?!?!

-NON

-Tu as dis Driss non ?

-Oui, mais pas

Il me coupe. Tout allait si vite.

-Ah okay je comprends maintenant, pendant que Chems est en prison, on se trouve un gars qui a une meilleure situation pour se marier. Ah d'accord !

-Non ce n'est pas ça du tout Chems, je peux tout expliquer, écoute-moi !

-Voilà pourquoi j'ai jamais voulu de femme dans ma vie, toutes les mêmes.Bsahtek. (Félicitations)

Il raccroche.

Non, non, non.

Je ne pouvais pas le laisser me filer entre les doigts.

J'ai appelé dix fois Youness pour qu'il me donne le numéro de sa prison, il ne répondait pas.

J'ai essayé de trouver un moyen de l'appeler via la prison, mais il ne me donnait pas l'autorisation.

J'ai même songé à appeler le père de Chems.

Je pleurais et j'avais de la misère à respirer, je ne pouvais pas le perdre à cause d'un con !

Quand soudain j'ai eu une idée et ça m'a énergisée.

Je prends mon téléphone et j'envoie un message à Nourhan.

Moi-Driss est encore au kebab ?

Elle-Oui

Je mets un survêtement, un manteau, je m'attache les cheveux et je prends mes clés.

Pour la première fois en six mois, je sortais toute seule, mais l'adrénaline avait envahi mon corps.

Je prends le bus et je sors à l'arrêt devant le kebab.

J'y rentre à l'intérieur, je vois Driss et sa petite clique en train de faire du bruit comme d'habitude.

Dès qu'il me voit, son visage change.

Son ami dit : Driss c'est ta femme haha !

J'ai commencé à sourire et rire légèrement en baissant la tête.

Je remarque le verre d'eau rempli de glaçons à ma droite.

Je le prends et je le lance à la gueule à Driss.

Ils ont tous fais un : Ohhhhh !

Driss s'essuyait en me faisant un regard revolver, il allait me tuer.

- Tu vas bien m'écouter toi et même tes petits copains. Je m'en fou de ta gueule et ca toujours été le cas. Même avec un bâton je ne te toucherais pas. J'ai jamais été fiancé à toi et même si on me paiera, je ne voudrais pas être fiancé à toi. Maintenant, laisse-moi tranquille et arrête de t'inventer une vie avec moi s'il te plaît.

Je suis partie sans même les regarder. Je décide de marcher vers le métro à la place de prendre le bus.

Ça faisait 5 minutes que je marchais dans un quartier désert quand j'entends au loin une voiture s'arrêter, une porte se claquer et des pas pressés dernière moi.

: LEÏLA

Je me retourne et je vois Driss qui s'approche presque en courant.

Il faisait peur et il faisait noir dehors. Eh oui en hiver à 16 h, le ciel devient sombre.

Il était temps de prendre le taureau par les cornes et combattre ma peur.

Je le fixais. Je l'attendais.

J'avais caché dans ma manche une bouteille de poivre de cayenne et dans ma poche une alarme anti-viol.

Ses yeux étaient noirs de colère. Il était encore mouillé par le verre d'eau.

Il s'approchait de plus en plus et je commence à faire semblant de pleurer.

Driss change d'expression.

-Driss... OK j'abandonne... je peux plus faire semblant.

Il est à un mètre de moi.

- J'ai des sentiments pour toi...

Driss semblait surpris.

- Tu es mieux que Chems et je peux pas m'empêcher de penser à toi. Je t'ai rejeté parce que j'ai peur que les gens me jugent...

Il était à 50 centimètres de moi.

- J'ai compris tout mon petit jeu depuis le début

Oh non... je suis fichue.

-Je savais que je te plaisais bien

Il avait un sourire de vicieux...

Fiou ! Heureusement qu'il est con..

Quelques centimètres nous séparent maintenant.

Il allait mettre son bras autour de moi quand en deux trois mouvements, je lui asperge du poivre de cayenne dans les yeux. Il commence à crier de douleur et mettre ses mains sur ses yeux. Je lui donne un coup dans ses parties.

Il est tombé automatiquement sur ses genoux. Et pour finir le tout, je lui mets un coup de pied dans le ventre.

-Reste.Loin.De.MOI.

Voilà comment l'élève a surpassé le maître.

Je me suis retourné vers mon chemin initial, j'étais rempli de fierté et je savais que la suite allait bien se passer.

Je me suis sentie forte comme une lionne qui rugit pour affirmer sa présence.

Arrivée chez moi, j'ai tout raconté à ma mère et elle m'a longuement pris dans ses bras.

J'ai toute de suite écrit par la suite une longue lettre à Chems lui expliquant tout.

4 jours plus tard.

J'étais chez ma psychologue quand j'ai craqué.

-Vous allez bien aujourd'hui ?

-Il me manque.

Deux, trois larmes coulent de mes yeux et me trahissent sur mon réel état.

-Qui?

Elle m'a tendu un mouchoir.

- L'homme que j'aime

Voilà, je venais de dire à une personne que j'aimais Chems.

- Si vous saviez comment il rend les petites choses plus belles... À quel point le fait de savoir qu'il va bien me rassure et celui de ne pas avoir de ses nouvelles quand il conduit longtemps, m'inquiète.Je rêve d'être marié à lui et je rêve que notre seul problème soit qu'il en ait marre que je lui cuisine des pâtes....

Elle me suggère alors de lui parler de mes sentiments et c'est dans cette lancée que je décidé de remplir le formulaire de demande et information relatives aux visites (détenu), d'y inclure tous les documents demandés et la poster.

Ensuite, je n'avais qu'à attendre la réponse.

Après deux semaines et demie d'attente, j'ai reçu une réponse favorable.

13.

Et nous y voilà.

Il n'avait toujours pas répondu à ma lettre depuis, mais j'avais pris les devants parce que j'étais dans sa prison en train de l'attendre dans la salle de visite.

Le stress est à son comble.

Je suis assise à une table blanche et la porte s'ouvre…

Il y a eu des moments dans ma vie où j'ai eu envie d'arracher mon cœur, de dire à mon propre organe : je continue sans toi parce que toutes ses émotions ne me servent à rien !

Et après mes retrouvailles avec Chems j'aurais coupé mon cœur et je l'aurais donné au premier venu parce que c'était la douleur de trop…

Je vous remets dans mon histoire.

La porte s'ouvre et je vois Chems entrer avec un policier.

La salle était remplie de quelques détenus qui avaient leurs propres visites.

Quand Chems est rentré dans la pièce, il balayait la salle du regard et c'est là que j'ai compris qu'on ne lui avait pas dit qui était venu le voir…

Il a continué à examiner ses alentours jusqu'à ses yeux croisent les miens.

C'était comme si le monde entier était sur silence et que j'entendais que le battement accéléré de mon cœur.

Il avait une expression surprise, très surprise, c'était le cas de le dire...

Il avait gagné beaucoup de masse musculaire, il avait toujours des cheveux plus longs et sa barbe avait beaucoup poussé. Ses yeux verts foncés étaient encore plus perçants à cause de ses cernes mauves et il avait une bonne mine en somme.

Il s'est assis devant moi et on est demeurés silencieux pendant un bon trente secondes à se fixer.

Jusqu'à ce qu'il décide de briser ce silence...

-Pourquoi tu es venue ?

- Parce que tu n'as jamais répondu à ma lettre.

Baliverne, j'étais là parce que je mourais sans lui, j'étais parce que je devais lui dire que je l'aime avant qu'un de nous deux meurt, la vie est beaucoup trop courte...

-Qu'est que tu veux que je te réponde...?

- T'es sérieux ? Je pense que toi et moi on se doit beaucoup plus que ça

-Tu me doit rien et je ne te dois rien

Alors voilà Chems le bâtard était de retour. Le problème avec lui c'est qu'il ne croyait pas au pardon et aux secondes chances, dès que quelqu'un lui faisait du mal, il leur fermait la porte en pleine figure... comme si lui était parfait.

Je ferme les yeux et soupire.

-Chems fait pas le gamin avec moi.

-Tu as bien fais la gamine avec moi pendant des mois

Il commençait doucement à me piquer.

- Je t'ai déjà tout expliqué dans la lettre, j'ai rien fais de mal, pourquoi tu veux pas me croire?

-Je t'ai dis de ne pas prendre des cours avec lui, tu m'as pas écouté, maintenant assume.

- Je vais te perdre juste à cause d'un con ?

-Tu m'as déjà perdu. C'est fini Leïla et depuis longtemps.

Ses mots étaient comme des lames sauvagement poignardés sur mon corps.

Je ferme les yeux pour m'empêcher de pleurer.

Je mets mes mains sur mon visage pour me calmer.

Il était encore là, je voyais son pied en dessous de la table.

Tout en gardant mes mains sur mes yeux, je lui déballe mon sac.

- Comment tu peux me faire ça ? J'ai toujours été droite avec toi ?

Je sens une larme qui veut couler... et zut, elle est tombée.

- Tout ce que j'ai fais c'est t'aimer comme je n'ai jamais aimé pers onne...

Je sentais qu'il allait demandé au policier qu'il voulait retourner à sa cellule, mais il ne la pas fais.

Il est resté là.

Il a enlevé les mains qui couvraient mes yeux. Il s'est approché de moi en s'asseyant à côté de moi. Il a pris mon visage et m'a fait un bisou sur le front en gardant ma tête contre lui. On est resté un bon 5 minutes comme ça.

Il a repris mon visage dans ses mains.

-Je m'excuse..

Wahhhh première fois qu'il s'excuse face à moi.

-J'avais besoin de l'entendre, j'en étais pas sur... et ça me travaillait beaucoup...

-Anhabek tol hyati (Je t'aimerais toute ma vie)

Je faisais référence à sa déclaration pendant son jugement.

Il a souri, mais pourquoi il avait l'air si triste...

-Leïla...

Oh non ce ton de voix et ce regard je les connais...

-Je dois te parler sérieusement

Il prend mes mains.

-T'es la première femme que j'ai aimée dans ma vie et depuis que je suis ici, j'ai beaucoup de temps libre pour réfléchir. Quand on s'est chicané, j'ai réalisé que j'étais un lâche, que j'aurais pu faire les choses autrement et qu'à la place que mes gars me disent que tu vas te marier, ils auraient pu me demander c'est quand le mariage avec ta mra (femme) ?

-...

-Je vais sortir dans deux ans et demi. Au début, je croyais qu'en sortant, la première chose que j'allais faire c'était de profiter de la vie avec toi et de se marier, tout ça... mais je peux pas.

J'ai commencé à devenir anxieuse.

- Comment tu peux pas ?

-Quand je vais sortir, j'ai besoin de retrouver ma mère, de comprendre l'Islam parce que mon père m'a rien appris, j'ai besoin de travailler sur moi même parce que je suis mal dans ma peau… j'ai toujours rêvé d'être quelqu'un d'autre… je déteste qui je suis et qu'est que je fais.

-…

-Je sais même pas comment prendre soin de moi… Je deviens fou sans la cigarette.

-…

-Je peux pas prendre soin de toi. J'ai besoin de régler mes problèmes et si Inch'Allah ya Rabi, nos chemins se croisent dans quelques années, je vais espérer que tu m'auras pardonné et que tu voudras encore de moi.

Je lâché ses mains en retenant mes larmes, j'ai pris mon sac et j'ai déguerpi de là.

Après les vérifications des policiers, dès que j'ai mis le premier pas dehors, les larmes ont coulés à flots.

Et le temps n'a pas arrangé les choses…

Comme un héros d'un de mes films préférés a dit : il y a toujours un moment où le chemin bifurque. Chacun prend une direction différente en pensant que les chemins finiront par se rejoindre. De ton chemin tu vois l'autre personne devenir de plus en plus petite.

Ce n'est pas grave, on est fait l'un pour l'autre, à la fin il sera là.

Mais à la fin il n'arrive qu'une chose… un putain d'hiver. »

--

Chems a demandé à Leïla de continuer à vivre sans lui parce que d'après lui, il n'est pas prêt de prendre soin d'elle parce qu'il se sent mal dans sa peau. Il l'aime réellement et veut qu'elle avance sans qu'il soit un boulet pour elle. Il veut le meilleur pour elle, il ne veut pas être égoïste en lui demandant de l'accompagner dans ses plus sombres batailles alors qu'elle-même est encore affectée par son viol. L'amour n'est pas égoïste, ne l'oubliez pas... Il espère la recroiser dans un futur proche, mais pour l'instant il ne peut rien lui offrir et préfère se distancer.

--

Je rentre chez moi encore sous le choc.

Je vais dans ma chambre comme un zombie.

Je me mets à genoux devant mon lit et je sors une boîte qui contienne toutes les lettres que Chems m'a écrites.

On dirait je voulais me torturer parce que je les ai lus une après l'autre.

Quand je tombe sur celle que son père m'avait donnée, je ne peux m'empêcher de pleurer.

Je prends toutes les lettres et je les jette partout dans ma chambre.

Ma mère a sûrement dû entendre mon vacarme, elle s'est précipitée dans ma chambre.

Elle n'arrêtait pas de me demander : Wech biki??! (Qu'est que t'as ?)

Elle essuie mes larmes et me dis de respirer. Je lui explique tout avec le cœur très lourd. Je baisse la tête.

Elle la remonte.

-Ta grand-mère paternelle m'a dit un jour ; tu ne baisses jamais ta tête, une princesse ne baisse jamais sa tête. Tu m'as comprise Leïla ?

Elle me prend par les joues.

-Écoute moi bien, tu as assez pleuré pour l'autre ordure (Ahmed) ça suffit, tu vas te relever et tu vas le faire toute seule. Tu n'as besoin de personne dans cette vie à part Allah, tu m'as comprise ? Khlass (c'est fini), laisse-le régler ses problèmes et Inch'Allah il fait parti de ton mektoub, tu peux rien contrôler, mais tu ne peux que te renforcer. Leïla, c'est fini, tu ne pleures plus.

À ce moment-là, ça m'a direct calmé. Elle avait le don de savoir comment me parler.

Elle a commencé à ranger les lettres et je l'ai entendu chuchoter en se penchant : Ses Nasris Astaghfirullah (que Dieu me pardonne)

- C'est ça qui t'est arrivé avec Ali ?

Elle m'a regardé et elle a déposé le paquet de feuilles.

-Viens ici, je crois que tu es assez vieille.

Je m'assois sur mon lit, elle s'assure que la porte est bien fermée et elle me rejoint.

Alors ma mère m'a tout dit.

-Mais, tu vois Chemsdine n'est pas comme son père. Ali n'aurait jamais risqué la prison pendant 2 à 3 ans pour moi, ce que les autres auraient dit sur lui a toujours était trop important pour lui... Il n'aurait jamais dévoilé ses sentiments devant d'autres gens, pas comme son fils, par peur que les gens le traitent de petit fragile alors qu'il n'y a rien là. Ali est parti sans rien me dire et n'a pas cherché à me contacter pendant toutes ses années. Jusqu'au jour d'aujourd'hui, il ne s'est jamais excusé pour tous les mensonges qu'il m'a dit... alors que Chemsdine il n'a pas de fierté avec toi, il veut juste que tu sois bien.

Elle a replacé une mèche qui tombait derrière mon oreille.

-La patience est une vertu ma fille, place ta confiance en Dieu et le reste va suivre.

Alors c'est ce que j'ai fait.

J'ai écouté ma mère et je me suis relevée toute seule.

Ça n'a pas été facile, personne n'a dit que ça allait être facile, mais personne ne m'a dit que ça allait être aussi difficile...

J'ai commencé à refaire de la boxe et m'entraîner à la salle. (Dans un endroit loin de chez moi, loin de Driss)

J'ai continué mes rendez-vous avec ma psychologue avec qui je m'ouvrais beaucoup plus.

Je me butais à l'école pour avoir des bonnes notes.

Je priais et je demandais à Dieu de me faciliter de me guider... je n'oubliais pas Chems dans mes Dou'âs.

Au cours de ses six mois, l'état d'Ahmed s'était stabilisé parce que comme je l'avais dit, il avait été très amoché par Chems.

L'hôpital l'a enlevé de son coma artificiel et le jugement a pu avoir lieu.

Toute ma famille est venue me donner du support et quand j'ai vu Ahmed rentrer dans la salle d'audience, avec ses yeux noirs vides et ses mains enchaînées de menottes qui m'a fait vaguement pensé à lorsqu'il avait attaché les miennes de son foulard, ça m'a dégoûté. Il avait la tête baissée, mais moi j'ai décidé de garder la mienne bien haute.

Je dois avouer qu'à ce moment, j'aurais donné n'importe quoi pour que Chems soit avec moi.

À ma plus grande surprise, Mehdi, le frère d'Ahmed avait témoigné contre son frère, en ma faveur !

Ahmed a été condamné de la peine maximale pour agression sexuelle simple qui est de 10 ans de prison.

Après avoir vu mon violeur, j'ai commencé à développer une aversion pour ma routine, pour mon environnement comme si je voulais recommencer à zéro, ça me déprimait et me serrait le cœur.

Je mentais à tout le monde en disant que j'allais bien alors qu'encore une fois je voulais couper mon organe qui me servait de cœur et qui me donnait trop d'émotions.

La dernière semaine d'examen alors que je quittais l'école, un papier gisant par terre a attiré mon attention.

« ÉCHANGE ÉTUDIANT EN AUSTRALIE PENDANT 1 AN »

Je le ramasse, je lis le pamphlet et depuis la première depuis des mois, mon cœur a commencé à battre de plus en plus fort sous l'excitation.

Dès que je suis arrivée à la maison, je me suis assise avec ma mère dans la cuisine et je lui ai dit à quel point j'avais besoin de changer d'air parce que je suffoquais en silence.

Elle a regardé le pamphlet et avec un sourire elle m'a dit : Okay Leïla, on va t'inscrire.

Mon père disons que ça a été plus difficile de le convaincre, mais ma mère lui a parlé et c'était dans la poche.

Je me suis inscrite et le vol avait lieu en mis juin.

J'ai eu le temps d'annoncer la nouvelle à Myriam et à Younes qui étaient contents pour moi, mais déçus de ne pas me voir pendant un an.

Le jour venu de décoller, j'ai fait mes valises avec un cœur plus léger. C'était la bonne chose à faire !

Et qui sait peut-être que j'allais m'installer plus tard là-bas ?

J'ai embrassé mes frères qui allaient trop me manquer et ma mère qui était maintenant devenue ma meilleure amie.

Mon père allait me déposer à l'aéroport et m'accompagner pour l'enregistrement de mes bagages.

40 minutes plus tard, c'était le temps pour mon papa de partir.

Mon père m'a serré dans ses bras, m'a fait un bisou sur la joue, il m'a laissé et je me suis dirigé vers le chemin qui me mènerait éventuellement vers l'embarcation.

Quand j'entends : LEÏLA, ATTENDS

Je me retourne et je vois Youness.

Il courait comme un clown !

Il s'approche de moi en courant, le mec était essoufflé.

-fffouu tu marches vite putain

- Je suis touchée, tu ne pouvais pas me laisser partir sans me dire un dernier au revoir

-Mais non je suis pas là pour ça hmara

- ...

-Chems m'a laissé ça pour toi.

« Boum boum boum boum ». Entendre son nom après 6 mois me faisait encore le même effet.

- Mais pourquoi ?

-Il sait que tu pars, je lui ai dit il y a quelques jours... Alors, tout à l'heure je travaillais au kebab, son père est venu me remettre ça et m'a dit que c'était très important que tu l'ailles avant de partir.

Il était encore essoufflé. Et moi choquée.

-Leïla prend l'enveloppe, je suis venu en courant, je suis encore en pause de travail !

J'ai pris l'enveloppe.

- Tu es le meilleur You

Youness s'approche et me fait un câlin.

-Tu fais attention à toi ma petite, j'ai besoin de la Leïla que j'ai rencontré la première fois au kebab quand tu reviens !

Il m'a donné un dernier câlin et il est parti.

J'ai touché l'enveloppe et j'ai senti comme une sorte de chaine.

J'ai attendu d'être assise dans l'avion pour ouvrir son enveloppe.

Vous savez c'était quoi ?

Un collier avec un pendentif en forme de soleil, mais pas n'importe lequel celui qu'il portait toujours. Il le cachait toujours sous son chandail et un jour, il faisait une sieste, j'ai glissé ma main sous son col et j'ai vu ce magnifique collier.

Il m'avait dit qu'il l'avait depuis très jeune, que c'était le seul souvenir qu'il avait de sa mère et maintenant, il me donnait à moi.

Je pense que tu me manqueras toujours comme le soleil manque aux étoiles le matin venu...

14.

La vie en Australie était bien pour moi.

Une vraie brise d'air frais...

Pour une fois dans ma vie, j'ai vécu et j'ai goûté à la vie.

Pendant mes cours, il m'arrivait parfois de regarder par la fenêtre et de penser à lui. Je me posais alors la question fatidique : est ce qu'il pense à moi ?

Et vous savez, je répondais à ma propre question en me répétant le passage d'un livre que j'avais vu quelque part : Souvent tu n'y penses pas, prisonniers de tes croyances anciennes ; mais, presque toujours, tu as le choix : parler ou bouder, construire ou détruire, grogner ou sourire.

Et moi j'avais l'intention de parler, de construire et de sourire alors je faisais tout pour ne plus y penser. Parce que tout le monde sait à quel point trop penser à quelque chose peut vous rendre malade à en perdre la raison.

Quelque chose qui est facile à dire, mais bien difficile à faire. Alors je me reconcentrais sur ce que mes professeurs enseignaient.

Je m'étais fait des amies avec qui je sortais manger et qui m'expliquaient la culture australienne.

J'avais même un emploi dans une crémerie.

Lorsque j'avais du temps libre, je faisais du tourisme avec des filles de mon dortoir.

Je n'avais jamais réalisé à quel point voyager pouvait apaiser quelqu'un. Recommencer à zéro quelque part d'autre, je ne pensais pas que c'était possible et pourtant, j'étais en train de tout rebâtir dans ma tête... et qu'est que ça faisait du bien !

Ça faisait 5 mois que j'étais habituée à l'Australie. J'avais grossi, j'avais une meilleure mine et je souriais plus. J'avais une vie sociale, je riais et je m'endormais sans soucis.

Juste l'odeur même du pays me remplissait d'énergie positive.

Je me sentais bien ici et plus je passais du temps dans ce pays, plus je commençais à considérer un futur ici.

Bien sûr mes proches me manquaient, mais je savais que j'étais en train de grandir, de devenir une femme plus accomplie alors ce manque était justifiable.

Je portais toujours son collier et quand j'avais besoin d'un sentiment de familiarité, je le tenais fermement dans mes doigts.

Chaque vendredi, je skypais avec ma mère. J'appelais par téléphone au chaque 3 jours et tout semblait aller bien pour eux aussi.

Un jour alors je lisais, je reçois un appel sur Skype de Myriam. Elle pleurait devant son écran, au début j'étais affolée, mais elle a commencé à sourire en laissant les larmes couler sur ses joues et me montrer son annulaire qui était dignement orné d'une bague. C'est là que j'ai compris que Youness lui avait enfin demandé sa main.

Les semaines suivaient et tout allait bien.

Un soir qui a suivi ses semaines de bonne routine, Myriam m'a appelé sur Skype, alors que j'étudiais. Elle disait qu'elle avait besoin de discuter de sa robe de mariée.

- Tu sais quel genre de robe de mariage il me faut?

- Non dit-moi

- La robe de mariage de Jasmine dans Aladdin !

-Quoi ?

- Tu sais dans le film Aladdin et le roi des voleurs ?

- Oui

- Écoute, avec la petite de Sammy j'ai été obligée de me le fait tapé 2 fois le film... mais tu vois au moins elle avait un bon budget pour son mariage...

- De qui tu parles ?

-Mais de Jasmine dans Aladdin putain ! En plus elle avait un génie pour l'aider, moi je dois me contenter de ce halouf (porc) de Youness pour m'aider

-Mdrrrrr

-Wahh, mais qu'est que je ferais pour avoir un génie pour organiser mon mariage !

- Tu aurais perdu ton souhait pour l'organisation de ton mariage ? Dit-je ne riant.

- Bah oui ma vieille ! Et toi tu aurais souhaité quoi hein ?

Je pensais que j'avais passé à autre chose jusqu'au jour où Myriam m'a posé cette question, qu'est que j'aurais souhaité si on m'avait accorder un vœu.

Et la première chose que j'ai pensé c'est que j'aurais gaspillé ce vœu pour lui.

Pour Chems.

C'est à cet instant que j'ai réalisé que le temps n'avait rien changé. Je l'aimais encore, peut-être encore même plus qu'avant.

J'ai dis à Myriam que je devais la laisser, que j'avais des révisions… alors que ce n'était pas du tout vrai.

Dès que je suis déconnectée de Skype, j'ai lancé mon livre contre le mur de ma chambre.

J'ai eu des flashs de nos plus beaux moments, de nos plus beaux souvenirs, de son sourire, de son sarcasme, de ses fossettes, de son rire, de la manière qu'il disait bonjour… ahh ça me hantait, il me hantait.

Mon amour pour lui m'envahissait l'esprit. Je me sentais impu issante… c'est comme si je hurlais, mais que personne ne pouvait m'entendre. Pour Chems, j'aurais commis l'impensable…

Personne ne pouvait comprendre à quel point ça me grugeait, à quel point ça me faisait mal. Je n'avais pas totalement cicratisé tout simplement parce que je ne pouvais pas me faire à l'idée que je ne l'aurais jamais à nouveau près de moi.

Et maintenant que je savais que tout était fini et qu'il était loin de moi pour de bon, je souhaitais carrément revivre tous nos pires moments pour ravoir la chance de revivre les bons aussi.

Je suis descendu et j'ai marché jusqu'à la plage, je regardais l'océan.

Je me retenais de pleurer.

J'étais dans le fin fond le plus sombre de mes pensées quand quelqu'un décide de m'interrompre.

? : Excuse me ? (Pardon) ?

Je lève ma tête et je vois un mec. Sa tête me disait quelque chose en plus...

Je crois que c'était quelqu'un dans un de mes cours.

-Aren't you in my english class?(Ce n'est pas toi qui est dans ma classe d'anglais ?)

-Probably... (Probablement)

-Aren't you one of the international students...(Tu n'es pas une des élèves transférées à niveau international) ?

-Yes I am (oui je le suis)

-Where are you from? (D'où tu viens)

Je lui dis alors d'où je viens.

-Oh ça veut dire que tu parles français ?

J'étais choquée, je n'ai jamais entendu personne parler en français ici à part ceux qui étaient dans mon groupe d'échange étudiant.

-Oui ! Et toi comment ça se fait que tu parles français ?

-Oui, je m'appelle Riad, j'ai vécu au Canada jusqu'à mes 8 ans, après mes parents et moi, on a déménagé ici. Tu t'appelles comment ?

-Leïla !

Il se baisse pour me serrer la main et je remarque qu'il a les yeux de la couleur de la mer.

-Enchanté... tu m'en veux pas d'être venu te parler...?

-Non y'a pas de soucis

Et maintenant, tu peux t'en aller et me laisse morfondre sur moi-même.

-C'est dur de trouver des gens qui parlent français à l'université, ça me rend heureux t'as pas idée

Il me fixe.

-Tu es Libanaise ?

-Non je suis Algérienne

-Moi je suis Pakistanais, Tunisien de mon père et ma mère est australienne

- C'est un fou mélange !

-Ouais

Il regardait la plage et il ne bougeait pas. Je n'étais pas particulièrement intéressante et je répondais vaguement à ses questions. Tout ça à cause de souvenirs qui me trouaient le cerveau.

-Tu es Algérienne, je suis Tunisien, on doit faire connaissance !

Oh tout sauf ça. Trouve n'importe quoi pour lui faire comprendre que tu veux ne rien savoir de lui, vite allez !

- Je suis lesbienne, une grande amoureuse des femmes !

-Ah d'accord ça tombe bien, je suis gay, on s'est bien trouvés haha

Il commence à sourire.

J'avais compris qu'il avait saisie que je mentais hein

-Alors la lesbienne, ça va ?

J'ai décidé d'être directe avec lui parce que je ne comprenais pas comment quelqu'un de sensé dans sa tête, vient parler aux gens comme s'il les connaissait depuis longtemps.

- Pourquoi tu es venu me parler ?

-Alexe (une amie à moi vite fait) m'a parlé de toi, elle m'a dit que tu étais une fille vraiment drôle

-Elle parle de moi ouvertement aux gens ?

-Je savais que tu ne venais pas d'ici, ça parait juste de la manière que tu tiens en cours et je m'assume quand je dis que je t'observais des fois... Elle l'a remarqué alors je lui ai posé des questions sur toi par curiosité parce que tu es nouvelle.

-...

J'ai baissé la tête un peu gênée.

-Ca sert à quoi de mentir ? J'aime bien dire les choses comme elles le sont.

- Bravo Chems !

Il m'a regardé avec un air confus.

J'ai réalisé que je venais de l'appeler Chems parce que ce qu'il venait de me dire me rappelait son caractère et son tempérament.

J'ai soupiré et j'ai passé la main sur mon visage.

Je me suis levé du sable et j'ai bafoué quelques mots.

- Je.. je dois y aller.

Je ne lui pas lancé le temps de répondre que j'ai pris la fuite.

La semaine a suivi très lentement, même à l'autre bout de la planète, il était toujours là... dans mon cœur et dans ma tête.

Je me souviens qu'un jeudi soir, je regardais par la fenêtre les gens qui jouaient au volleyball dehors.

Une idée m'est passée par la tête. Enfin, cette idée était implantée dans mon cerveau depuis longtemps, mais je n'avais pas le courage de la dire à voix haute.

Je ne voulais pas rentrer chez moi dans quelques mois.

Alors, j'ai appelé ma mère avec le cœur très lourd. On discute tranquillement.

-Maman j'aimerais rester une autre année ici...

-Quoi? Mais comment tu veux faire ça ?

-Je sais pas... je crois que je dois aller régler ça au comptoir étudiant, mais si je trouve un moyen de m'inscrire, tu vas me laisser le faire ?

-Je vais en discuter avec ton père ma fille...

Le lendemain, j'ai longuement discuté avec mon père et après plusieurs arguments, je ne sais pas comment, mais j'ai réussi à le convaincre.

J'ai fini par régler mon problème de visa dans un bureau qu'il appelait « the International Student office ».

Les semaines ont suivis et je décidais de continuer ma routine. Durant tout ce temps, je m'étais rapproché de plusieurs personnes incluant Riad.

Si je peux vous décrire Riad, c'était un grand brun à la peau bronzée et aux yeux bleus, un très bel homme. C'était quelqu'un de simple, mais classe. Quelqu'un qui était calme et gentil. Le genre d'homme que tout le monde aime.

Il me faisait penser à Chems dans son honnêteté, mais les deux restaient très différents. Au fait, je n'avais jamais connu quelqu'un comme Riad, il avait vraiment une personnalité particulière.

Par contre, ce n'était qu'un ami, il m'amenait visiter des beaux endroits en Australie. Je ne passais pas énormément de temps avec lui, mais chaque fois qu'on se croisait, on discutait de plein de trucs, on faisait même des débats.

Youness en était jaloux Il me disait : Zayn Malik a pas intérêt à me remplacer !

Parlant de Youness, il avait deux emplois en même temps pour payer le mariage, le futur appartement, etc.Il était très occupé ses derniers temps.

Myriam préparait toujours son mariage. Elle était tellement sous pression qu'elle était toujours stressée.

Les vacances d'été sont enfin arrivées et je n'avais pas l'intention de rester en Australie pendant mes vacances.

L'argent que j'avais économisé au fil des années et celle que j'avais gagnée avec mon emploi m'avaient permis de retourner voir ma famille l'été.

Je l'ai dis à Riad et il m'a proposé de m'y conduire plutôt que de payer pour un taxi.

Le jour est arrivé et Riad m'a déposé à l'aéroport.

Il m'a aidé avec mon bagage et avant de fermer la porte, il m'a regardé longuement dans les yeux.

-C'est bon tu as tout ?

-Oui merci Riad, Wallah je sais même pas comment te remercier

-C'est rien Leïla

- Bon j'y vais

Et là, spontanément, il m'a fait un câlin.

Au début, j'étais surprise, mais après je l'ai serré à mon tour.

Je ne sais pas ce que j'ai ressenti à ce moment-là, mais je me suis senti bien.

On s'est détaché l'un de l'autre.

- Bon j'y vais, on se revoit en septembre Inch'Allah

-Inch'Allah

Je mets ma main sur la poignée du bagage pour la rouler me mettant dos à lui.

-Euh Leïla

Je me retourne.

-Euhh... have a safe flight (passe un vol en sécurité !)

Après des nombreuses heures de vol, je suis rentrée chez moi !

Les retrouvailles ont été remplies d'émotion, tout le monde m'avait manqué.

Moi qui me plaignais de mon manque d'intimité au début, je voulais coller tout le monde maintenant.

Le ramadan s'est bien passé et ça m'a beaucoup apaisé.

Myriam a fait son halal trois semaines après le ramadan, j'étais vraiment heureuse pour eux.

Je sortais beaucoup avec mes frères, mais malheureusement j'avais toujours un mauvais goût dans la bouche quand j'étais proche de chez moi. Il y a des choses qu'on ne peut malheureusement pas oublier.

J'ai passé un agréable anniversaire en compagnie de mon entourage.

Quand je suis revenue chez moi, j'avais peur d'avoir pris la mauvaise décision de repartir en Australie une autre année, mais en marchant dans la rue et en revisitant Tonton Sammy au kebab, j'étais soulagée de ma décision.

Mon passé était imprégné dans chaque recoin de la ville et je n'étais pas encore totalement guérie.

Je m'étais donné une deuxième chance.

Je suis retournée en septembre en Australie.

Cette fois-ci, j'ai appelé un taxi, je ne voulais pas abuser de la gentillesse de Riad.

Trois mois après mon retour, j'ai « zehma » commencé les bonnes habitudes.

Je faisais plus de sport, je courrais chaque matin.

Un lundi matin, alors que je courrai tranquillement, le collier de Chems est tombé par terre pendant que je courrai et il s'est cassé.

Le pendentif en or en forme de soleil brillait sous la lumière des rayons UV.

J'ai eu un moment d'arrêt dans ma tête.

Vous allez trouver ça bizarre, mais depuis un moment, ce collier je l'ignorais. J'y étais tellement habitué que j'avais oublié que je l'avais sur moi, mais je n'aurais jamais pu m'en séparer...

Le pendentif était intact, mais la chaîne était cassée.

Je ne sais pas pourquoi, mais ça me rendait émotionnelle.

Pour moi c'était symbolique... la chaîne se casse et restera détachée à jamais du soleil.

J'avais les larmes aux yeux et j'essayais de faire un nœud pour que la chaîne tienne, mais elle retombait chaque fois.

J'étais accroupie et ma vue était brouillée par les larmes...

Vous auriez pu me dire : Mais arrête de pleurer, achète-toi une nouvelle chaîne et mets le pendentif c'est tout !

Mais non, c'était SA chaîne depuis des années, c'était un cadeau de LUI pour moi. Je pouvais me débarrasser de mes derniers liens avec CHEMS.

-Leïla ça va ?

Je lève ma tête avec deux larmes qui coulent sur mes joues.

Le soleil brillait de ses mille feux et Riad se trouvait devant moi.

Il s'accroupit à ma hauteur.

Riad avait un regard inquiet.

-Qu'est que t'as ?

Je n'arrivais même pas à parler.

Il me prend par les bras et on se dirige vers un banc.

J'ai attendu de me calmer pour pouvoir m'exprimer.

Il avait une patience d'or Masha'Allah, c'est un truc que j'ai toujours admiré chez lui.

Après quelques minutes, j'ai décidé de briser le silence et de tout lui raconter.

Je ne sais pas pourquoi, mais il m'inspirait confiance.

Dieu seul sait comment c'est difficile de faire le récit des pires moments de sa vie, mais quand je l'ai raconté à Riad, ça m'a libéré d'un poids. Raconter ma vie à ma psy, ma mère et Myriam, était devenu trop commun, mais de s'ouvrir à un « inconnu connu », ça m'a fait du bien.

Quand j'ai fini de parler, Riad avait toujours un regard sérieux.

-Montre-moi ta chaîne

Je lui montre.

-Mon père est bijoutier, il va la réparer.

-Sérieux?

-Promis Leïla ! Et euh pour ce qui est de Chems, c'est ça, Chems ?

Je hoche la tête.

-Tu veux l'attendre ?

- Oui... enfin je crois...

-Je crois que tu devrais prendre une décision et ensuite, faire la prière de consultation. Dieu pourra te guider mieux que moi !

Je tiens à expliquer c'est quoi la prière de consultation pour ceux qui ne savent pas.

"***La prière de consultation fait partie des actes que le Prophète ( )□ pratiquait régulièrement.

C'est une prière composées de deux rakaates, suivie d'une invocation que le Prophète (Salla Allah « alih wa Salam) formulait quand il envisageait une affaire ou se trouvait face à un projet dont il ne savait s'il était bénéfique ou non. Ensuite, il poursuivait cette initiative ou ce projet ; lorsque ce projet était bénéfique, les conditions de sa poursuite et de son exécution devenaient favorables, sinon Dieu l'en détournait.

La prière de consultation est donc une tradition prophétique recommandée pour toute personne confrontée à une décision importante comme un mariage, un voyage ou un travail ; elle doit accomplir la prière de consultation, puis elle répète l'invocation que le Prophète (Salla Allah « alih wa Salam) disait. Si le projet en question est bénéfique, Dieu insufflera au fidèle de l'enthousiasme envers l'exécution de ce projet et lui en facilitera l'accomplissement. Autrement, Dieu le fera renoncer à ce projet. »***

J'ai longuement réfléchi après cette discussion, j'ai donc décidé de suivre mon cœur, d'attendre Chems et par la suite, j'ai fais la prière de consultation.

Deux jours plus tard.

J'étais à la bibliothèque en train de faire un travail d'équipe avec en autre Riad.

Je continuais mon travail quand Myriam m'appelle sur mon téléphone.

Ce fut une des rares fois qu'elle m'appelait avec une carte téléphonique parce qu'avec elle c'est skype ou rien.

Je m'éloigne et je réponds.

-Allô?

- Euh Allô, tu es seule ??

- Pourquoi tu as une voix bizarre ? Qu'est qui se passe ?

- Si ce n'est pas le moment, je te rappelle après...

-Non vas — y wesh

- Chems..Chems est sorti de prison.

À ce moment-là, à cette seconde précise, il y avait plein de choses qui se passaient partout dans le monde. Quelqu'un qui meurt, quelqu'un qui naît..un accident de voiture, un mariage... un couple qui se forme comme un autre qui se sépare... une explosion, une forêt qui se fait abattre, quelqu'un qui prie, quelqu'un qui souris...

Mais à ce moment-là, à cette seconde précise, la seule chose qui est passée par mon esprit, c'est que Chems était sorti de prison et que tout autour de moi était flou parce que j'en faisais abstraction. Je sentais juste mon pouls se multipliaient plus les secondes passaient.

- Leïla... ?

Je suis revenu à moi même.

- Oui pardon je suis là...

- Attends tu es en train de considérer reprendre avec lui la non ??

Je vous explique, Myriam n'a jamais été une grande fan de Chems .Disons que Chems a toujours été quelqu'un de direct et de marginal et c'est pas trop le truc de Mymy. Elle a jamais essayé de comprendre mes sentiments.

- Wallah je ne sais pas

-Non je t'arrête ici, tu commences à redevenir la fille que j'ai connue il y a deux ans, tu ne vas pas recommencer à te détruire pour lui.

-...

-Mais qu'est que tu fous de ta vie Leïla ?

- Je sais ce que je fais

-C'est quoi ton plan ? DIT MOI.

- Pour l'instant j'attends.... je ne fais que ça... ATTENDRE OK ?. ..Attendre que le temps... s'écoule... jusqu'à ce que je le revois encore.

Et pour moi, sa libération était mon signe à ma prière.

-Leïla ne dit pas n'importe quoi

- Mais t'es sérieuse là ? Tu dis ça parce que tu n'as jamais vécu c'est quoi de vivre dans le questionnement 24 heures sur 24. Tu sais pas c'est quoi de cogiter pendant des heures avant de dormir. Tu sais pas c'est quoi de devenir misérable et de te faire un tas de scénarios aussi mauvais que bons. Tu sais pas c'est quoi de vivre avec le sentiment de ne pas savoir si tu devrais passer à autre chose ou non. Tu sais pas c'est quoi de devenir parano à l'idée de perdre quelqu'un pour de bon. Tu as la petite vie parfaite avec ton mari parfait. Va te faire foutre !

J'ai raccroché parce qu'elle m'a bien énervée.

1 semaine plus tard, ma mère m'a appelé.

On discutait comme d'habitude quand la discussion prend une tournure surprenante.

-J'ai vu Chemsdine hier.

Je commençais à trembler de partout et j'avais chaud. Je voulais m'évanouir.

- Qu... quoi ?

-Je l'ai croisé en faisant les courses avec Seif avant hier, alors je l'ai invité à la maison pour un café hier après-midi et j'ai discuté avec lui. J'ai tellement insisté qu'il a fini par accepter. Mon petit doigt me dit que je ne l'ai pas croisé par hasard au supermarché, au contraire, j'ai l'impression qu'il a demandé à me parler via l'aide de ton ami Youness et de Seif....

- Comment... comment il va ?

-Il a l'air de se porter bien... mais je crois que la prison l'a rendue plus triste, moins optimiste... Un peu comme toi en ce moment... (Je l'entends soupirer.)Il est pas comme quand je l'ai vu la première fois avec toi. D'ailleurs, il est sorti de prison plus tôt parce qu'apparemment il avait un comportement exemplaire en prison et le jugement de l'autre ordure (Ahmed) a influencé le juge pour un retour sur sa peine.

-...

Je sentais mon cœur se broyer.

-Je comprends pourquoi tu l'aimes, même moi je suis sous son charme....Il m'a parlé de toi tu sais...

Avec réticence et peur je lui demande qu'est qu'il a dit.

-Il m'a dit votre fille c'est la plus belle chose qui me soit arrivée, qu'il n'allait sûrement jamais connaître quelque chose d'aussi exceptionnel dans sa vie que toi... que tu étais comme une étoile filante. Qu'Allah l'avait béni en te mettant dans son chemin...

J'ai commencé à pleurer

-Il m'a dit aussi que tu devrais prendre soin de toi et de plus t'occuper de lui. Il m'a dit qu'il voulait que tu sois heureuse, mais pas avec lui.

J'ai pas parlé pendant 5 minutes.

-... je crois je vais aller

dormir, bonne nuit Maman

Je n'ai pas eu des nouvelles de lui par la suite. Je n'osais pas en demander par peur qu'on me sorte ce que Myriam et ma mère m'avaient dit.

Quand Riad m'a redonné le collier réparé de Chems, je l'ai caché dans une boîte et je l'ai mise dans ma valise.

Je devais me mettre dans la tête que Chems et Leïla c'était définitivement finie !

Parce que des fois il faut laisser certaines choses de côté.

Parce que des fois il faut laisser la vie suivre son cours et ne plus se retourner.

Parce que des fois, il faut placer sa confiance en Dieu et s'occuper de soi même.

Parce que des fois c'est la vie et on peut rien y faire...

Quand Riad m'a demandé ce qui se passait avec Chems, je lui ai dit que j'allais tout faire pour l'oublier.

Il n'a rien dis.

On est devenus beaucoup plus proches par la suite parce qu'on avait ce lien de la langue française et de la religion.

Je ne courrais plus toute seule le matin, mais avec lui.

Le truc qui me troublait le plus avec lui, c'est que des filles le draguaient ouvertement et il les rejetait l'une après l'autre.

Je me disais soit il est vraiment gay... ou soit... je n'osais même pas y penser parce j'avais une petite voix de peur qui me disait que peut-être il commence à être intéressé par moi.

Ce qui me faisait un peu peur, c'est que je ne sais pas si j'aurais eu la force de le rejeter s'il m'avouait des sentiments amoureux parce que c'était réellement un bon ami et je ne voulais pas le blesser.

Je n'aurais jamais pu faire semblant de l'aimer que pour le garder.

C'était ma seule source de familiarité en Australie...

Même si je faisais plein de rencontres tous les jours, rien ne se comparait à l'amitié que j'avais formée avec Riad !

Et comme Myriam je ne lui parlais plus et Youness le pauvre, cassait son dos au travail, il était trop occupé... Riad était mon seul vrai ami.

À la Saint-Valentin, j'ai essayé de le confronter à ce sujet !

- Riad comment ça se fait qu'un homme comme toi rejette tout ce qui bouge ! Même Anna la bombe tu l'as rejeté...

-Je sais pas... elles ne me disent rien ces filles-là

-...

-Et non je ne suis pas gay... c'est juste je sais quel type de femme je veux et elles sont pas ce que je recherche

- Et qu'est que tu recherches ?

-Une fille qui a une tête sur les épaules, qui est honnête...

-Et Anna ne l'est pas ?

-Non et en plus, c'est trop facile, il n'y a aucun défi ! Les hommes, on aime le challenge...

-Mhmm

Après ce jour-là, on n'a jamais réellement reparlé de filles parce que Riad est quelqu'un d'assez discret et il n'aime pas trop parler de trucs du genre. Ce que je respecte à 100 %.

Je suis reconnaissante d'avoir connu quelqu'un comme lui, c'est un homme en or.

Les mois n'ont fait que défiler et rien ne semblait changer.

Myriam me manquait beaucoup, mais bon chacune de nous avait une fierté de merde.

Youness a essayé plusieurs fois de recoller les morceaux, mais on était toutes les deux têtues.

Après deux ans en Australie, j'ai eu mon diplôme, j'étais enfin une architecte. Qui dit diplôme, dit le temps de revenir à la maison...

J'avais réussi à oublier la plupart des cicatrices de mon viol, le changement d'air m'avait énormément fait de bien.

Je faisais mes bagages pendant que Riad me lisait une histoire qui circulait sur Internet.

J'allais quitter le lendemain et honnêtement, je ne savais pas si j'allais revoir Riad un jour.

Je le regardais pendant qu'il lisait et riait, je me suis dis : ouais il va vraiment me manquer.

Par la suite, il est parti et j'ai observé ma chambre de dortoir une dernière fois avant de m'endormir.

Le lendemain.

Riad m'a proposé de me déposer et je n'ai pas refusé parce que les chances de le recroiser dans le futur étaient minimes.

Mais comme ma mère a toujours dit ; il n'y a que les montagnes qui ne se rencontrent jamais.

Il m'a aidé avec ma valise et il est resté avec moi pendant l'enregistrement de mon bagage.

Il semblait tendu.

Après, ce fut le moment fatidique... le moment de se dire au revoir.

Il m'a pris dans ses bras un long moment.

On s'est lâchés et je l'ai regardé avec un sourire triste.

-On va se revoir hein ? Tu vas venir me rendre visite Inch'Allah ?

-Inch'Allah Leïla, je mettrais de l'argent de côté que pour ça

J'ai souri.

Il s'est mordu les lèvres et a soufflé un bon coup.

-Si tu m'aurais connu avant Chems, moi tu m'aurais donné une chance ?

Ahh ce qu'il venait de me dire c'était comme l'effet d'une bombe. Il me regardait avec ses beaux yeux bleus.

-Parce que si tu me dis que j'ai un 1 % de chance avec toi, je prends le prochain vol direct vers chez toi et je m'installerai là-bas s'il le faut

- Le problème c'est que je ne peux pas répondre à cette question... Le mektoub (destin) Riad... le mektoub. Je ne pourrais jamais savoir si à la base, je serais venue ici si je ne l'aurais pas connu avant toi...

Riad :...

-Chems me complète... c'est dur à l'expliquer. Je te respecte et je t'estime beaucoup trop pour me lancer dans une relation avec toi alors que j'ai encore des sentiments pour quelqu'un d'autre. Tu ne mérites pas ça... tu es un homme trop bon... et moi, je sais que je ne te rendrais pas heureux parce que mon petit cœur ne peut pas te donner l'amour que tu devrais recevoir.

Ce n'était pas facile parce que je sais qu'une partie de moi était très attachée à lui, mais je refusais de lui faire ça. Il méritait quelqu'un qui soit complètement et irrévocablement amoureux de lui.

J'ai pris sa main dans la mienne.

- L'Mektoub ma mennou hroob (On ne peut pas éviter ce qui est destiné)

Il a baissé sa tête.

Je lui dis au revoir et je l'ai laissé...

Après de longues heures dans l'avion, je suis enfin arrivée chez moi !

15.

Les deux premières semaines, j'ai profité pour dormir et manger à volonté.

Le week-end qui a suivi, mon oncle Malik est venu nous rendre visite. Enfin, surtout pour me voir, parce ça faisait presque 2 ans que je ne l'avais pas vu...

Pendant mon absence, il a eu une petite fille. Elle s'appelait Asma et elle n'avait qu'un an. Il me racontait comme quoi, lorsqu'il a ramené Asma en Algérie, ma famille aurait pu jurer que la petite on aurait dit MA fille parce qu'elle me ressemblait beaucoup.

Il a dit à ma mère qu'il voulait faire un tour avec Asma au parc et avec moi par la même occasion.

Je jouais avec Asma quand Malik se distancie pour prendre un appel.

La petite commence à courir partout et je commence à courir moi aussi pour la rattraper.

Elle était trop mignonne avec ses grosses joues.

Bref, j'essayais de la rattraper quand elle fonce dans quelqu'un.

Mais pas n'importe qui...

Et voilà il était là devant moi.

Chems était devant moi.

Il y a plein de fois où j'avais redouté ce moment.

Dans mes meilleurs jours, je rêvassais en me disant qu'on allait sauter dans les bras l'un de l'autre.

Dans mes pires jours, je me disais qu'il allait continuer sa route en me faisant un regard dégoûté.

Et dans mes jours les plus normaux, je me disais qu'on se saluerait poliment...

Mais c'est toujours comme ça dans la vie, tu as beau de faire des tas de scénarios et t'imaginer plein de fois comment les choses vont se passer, rien ne se déroule comme prévu...

Ce jour là était enfin arrivé, il commençait à pleuvoir et Asma était revenu au niveau de mes pieds.

Déjà quand je l'ai vu, j'ai bloqué.

Mon souffle s'est coupé et mes yeux étaient rivés vers lui.

Si avant, je trouvais qu'il était vraiment beau, rien n'était comparable à maintenant, il avait grandi... il avait les allures d'un homme.

Il avait troqué sa capuche pour une chemise stylée.

Il avait un teint hâlé, bronzé... il avait une bonne mine.

Il avait taillé sa barbe, elle avait perdu un peu son aspect négligé sans pour autant la perdre

Ses yeux verts foncés avaient perdu son éclat, mais son regard était toujours aussi perçant complimenté par ses longs cils noirs...

Il mordait légèrement ses lèvres pulpeuses.

Peut-être que cet instant de contemplation a duré 30 secondes, une minute au maximum, mais sur le coup j'aurais pu mettre ma main au feu que ça avait duré au moins 30 minutes parce que pendant cet instant, on aurait dit que la terre avait arrêté de tourner et que ça avait duré une éternité

Et ce qui a suivi est arrivé si vite qu'encore aujourd'hui l'expliquer est complexe.

Asma commençait à tirer ma manche en suçant son pouce.

Il l'a regardé avec insistance et m'a regardé par la suite.

Il allait ouvrir la bouche quand mon oncle Malik a décidé de nous rejoindre.

J'ai compris par le ton de sa voix qu'il regardait encore son téléphone parce que sinon il aurait dit quelque chose par rapport à Chems.

-Désolé aziza (ma chére) (il m'appelle comme ça depuis longtemps) j'ai eu un appel du boulot

Il a levé la tête et il a vu Chems en train de nous regarder.

Mon oncle Malik et moi on avait à peu près 10 ans d'âge de différence, mais les gens croyaient toujours qu'il avait maximum 25-26 ans.

Je vois Chems regarder Malik, ensuite me regarder moi et la petite. Il insistait à répétition par le regard sur Malik, moi et la petite.

C'est là que j'ai compris qu'il était en train de faire l'équation.

Leïla+le mec = la petite

Tout allait beaucoup trop vite. C'était flippant, j'étais sous le choc parce que n'oublions pas que ça faisait 2 ans que je ne l'avais pas vu, moi je demeurais impuissante et les mots me manquaient. Mon cerveau était en mode off.En plus, la présence de Malik me mettait dans une position bizarre.

Il a plissé ses lèvres et il a, tout de suite, passé à côté de moi avec un air que je ne saurais décrire. Un air torturé...

Bien sûr c'était trop rapide pour que mon oncle puisse se douter de quelque chose... à la limite on aurait cru que c'était un passant.

Je suis revenu chez moi et je me suis assise sur le bord de mon lit, j'étais perdue dans mes pensées.

Maintenant, il doit sûrement croire un tas de choses qui sont fau sses...

Je voulais trouver un moyen de lui reparler, mais après je me suis souvenu qu'il avait dit à ma mère qu'il voulait que je vis ma vie sans lui, je me suis souvenu que même si moi je l'aimais encore ce n'était sûrement pas son cas à lui.

Comme Victor Hugo a écrit un jour ; On passe une moitié de vie à attendre ceux que l'on aimera et l'autre moitié à quitter ceux qu'on aime.

Ma mère a fini par remarquer mon état et c'était la seule personne au pays qui était encore là pour moi donc, je lui ai dis.

J'ai fini par m'endormir par la suite... quand je sens qu'on me secoue.

J'ouvre mes yeux et je vois Myriam.

-Leïla...

À moitié réveillée, je la regarde avec un air subjugué.

- Qu'est que tu fais ici ?

- Ta mère m'a appelé... je suis désolé de t'avoir dis ses trucs la dernière fois... c'est juste que je ne veux plus te voir souffrir comme avant, tu es comme ma petite sœur...

On s'est ensuite longuement expliqué et on s'est réconciliés

-Youness il est dégueu, il laisse toutes ses vieilles chaussettes brunes par terre

-Il y a personne qui t'a obligé à te marier avec lui,dit-je en riant.

- D'ailleurs le mariage civil c'est dans une semaine, tu as intérêt à venir ! Tu seras mon témoin j'ai juré.

J'ai souri tristement.

- Qu'est que t'as hbiba ?

Je lui raconte alors ce qui s'est passé.

- Fais-moi confiance, je suis convaincue que tout finira par rentrer dans l'ordre.

-... je sais pas

- Ca veut pas dire que si tu te maries avec Chems que c'est une bonne fin et ça ne veut pas dire non plus que si tu te maries avec quelqu'un d'autre que c'est une mauvaise fin, c'est juste le destin...

Elle m'a donné un gros câlin et on rattrapé le temps perdu.

1 semaine plus tard.

Le mariage civil s'était bien passé et j'étais en train de replacer mon bandeau de fleurs dans mes cheveux. J'étais dans la pièce où la mariée se change dans la salle de fêtes.

J'avais une longue robe blanche que Myriam m'avait obligé d'acheter.

J'entends la porte s'ouvrir et je vois Myriam y entrer avec les yeux grands ouverts. Elle ferme la porte comme une malade derrière elle.

-Mais qu'est que...

Elle me coupe et me prends par le bras

-Va falloir que je te fasse la courte échelle pour que tu passes par la fenêtre

-Euh c'est un délire de femme mariée ? Une tradition que je ne connais pas ?

Myriam enlève ses talons et dit dans le ton le PLUS TRANQUILLE POSSIBLE:Euh nan Chems est en avant avec sa moto et tu dois le rejoindre

J'ai eu une mini crise cardiaque sur le coup et chaque mot qui constituait cette phrase a difficilement été transmis dans mon cerveau.

Je lui fais dos automatiquement pour prendre la fuite et je marmonne :

-Euhh c'est pas ici que j'ai garé ma voiture

Elle me rattrape par ma robe.

Elle me regarde avec des yeux de possédés.

- ÇA SUFFIT AVEC LES RÉPLIQUES POURRIES DE MAMADOU, TU VAS PASSER PAR CETTE FENÊTRE QUE TU LE VEUILLES OU NON ET EN PLUS TU N'AS MÊME PAS D'AUTO

Je la regarde choquée, effrayée et surtout hésitante.

Elle s'accroupit et me fait signe de grimper.

Dès que je mets mon pied sur elle, elle gémit.

-Astaghfirullah, je t'avais dit d'arrêter de manger après minuit

- MERCI DE DIRE QUE JE SUIS GROSSE JUSTE AVANT DE VOIR CHEMS

- Pas grosse, juste lourde pour moi qui ne fais pas de la muscu hei n... bon j'ai une meilleure idée on va prendre la chaise de la coiffeuse.

5 minutes plus tard.

La moitié de mon corps est à travers la fenêtre, Myriam me tenait pour que je bascule de l'autre bord et je commence à être stressé à l'idée de le revoir seul à seul comme ça...

- T'es sérieuse la à faire ton hésitante avec ton gros cul d'Algérienne ? Tu passes ton corps au complet comme ça mes enfants auront des cousins hein

-Wallah j'ai peur qu'il réalise qu'il m'aime plus quand il va me voir.

-Je peux rien te garantir... la vérité c'est que rien, ni personne ne peut te garantir qu'il t'aime encore... mais c'est pour ça qu'il faut que tu essayes, que tu obtiennes les réponses qui t'obsèdes depuis presque 2 ans et après tu décides ce que tu vas faire. Ce sera soit marcher avec lui, soit avec quelqu'un d'autre...

Elle m'avait convaincue, elle avait raison. J'ai réussi à passer tout mon corps et j'ai fais un petit saut pour atterrir sur le sol.

-Leïla

Je lève la tête et elle était à la fenêtre avec un énorme sourire.

- Tourne-toi vers le soleil, l'ombre sera derrière toi !

La métaphore était bien choisie.

Un pas devant l'autre, je cours vers le lieu que Myriam m'avait indiqué.

Le vent de mes cheveux, les derniers rayons du soleil sur mes joues et l'odeur de l'été qui me chatouillent les narines.

J'avais le sourire aux lèvres et même si ce n'était pas moi qui m'étais mariée, j'avais l'impression d'être la mariée qui s'était enfuie.

Je me retournais en même temps pour voir s'il y avait pas mon père ou un de membres de ma famille.

Je continue à courir en contournant une rue quand... je le vois.

Il était contre sa moto, il regardait à sa gauche, il ne m'avait pas encore remarqué.

Il avait un beau costard noir avec une chemise noire. Il était magnifique.

Les cliquetis de mes talons ont attiré son attention et dès qu'il m'a vu courir vers lui, il a commencé à sourire.

Plus je m'approchais, plus il souriait. Mais en remarquant que je me tournais pour voir s'il y avait un membre de ma famille, il a tout de suite enfilé son casque, s'est installé dans sa moto et a commencé à la démarrer.

Arrivée à sa hauteur, j'enfile le casque sans discuter et je m'installe sur sa moto machinalement en me tenant à lui.

L'odeur délicieuse de son parfum et la carrure de son dos imposant faisaient battre mon cœur à une vitesse fulgurante.

Ah oui ma petite. Tu es encore raide dingue de lui.

15 minutes plus tard.

Il a arrêté la moto devant un jardin botanique qui donnait vue sur un magnifique bord de l'eau.

J'étais la première à descendre de la moto et enlever mon casque.

Il est également descendu de la moto et il a commencé à enlever son casque en me faisant encore dos.

Je pouvais entendre les pulsations de mon pouls.

Il s'est retourné vers moi. « Quand le soleil a rendez-vous avec la lune… »

16.

Il m'a longuement regardé, moi aussi d'ailleurs, je crois qu'il hésitait autant que moi pour savoir qui allait approcher qui...

Mais en une fraction de seconde, nos yeux se sont trahis et il prit dans ses bras et j'ai pu m'empêcher de me fondre en larmes.

C'était comme si je pouvais enfin respirer. Un poids énorme de moins sur les épaules.

Il a tenu fermement ma tête d'une main et de l'autre ma hanche.

Il a dit fermement, mais à la fois, doucement :

-Raki fi guelb (t'es dans le cœur).Nmoute Alik (je t'aime à en mourir)

- Ana tani (Moi aussi)

Mais qu'est que j'aime quand il parle arabe... chaque fois je fonds et je tombe encore plus amoureuse. Il le parle parfaitement.

Il m'a fait un long câlin qui a duré longtemps, mais que je ne pourrais jamais me rassasier.

Il s'est ensuite détaché et m'a pris par les joues.

Il m'a fait un bisou sur le front, sur les joues et un très long et passionnée baiser sur les lèvres, puisant tout son énergie et son amour.

Il y avait plus que des papillons dans mon ventre, c'était une pluie d'étoiles filantes carrément.

Il me tenait très fort contre lui, comme moi d'ailleurs, j'avais peur comme lui, qu'il disparaisse de ma vie encore une fois.

Il a souri par la suite.

Ses fossettes m'avaient tellement manqué que j'ai mis mes doigts dedans.

D'habitude ça l'énervait quand je faisais ça, mais là il n'a rien dit.

-Viens on s'assoit je dois te parler

On s'assoit sur un petit banc en pierre devant le bord de l'eau.

Il met son bras autour de moi.

-Je croit que je te dois de longues explications... par où commencer, bon..

Je le regardais attentivement. J'aimais trop quand il prenait un air mis sérieux mis drôle pour raconter une histoire. Il m'avait tellement manqué.

-J'étais perdu en prison, j'étais perdu toute ma vie au fait haha... et toi tu arrives, tu as chamboulé tout mon tableau de bord qui était déjà n'importe quoi pour commencer.

Je le regarde avec mes sourcils levés.

-Mais chamboulé en bien t'inquiètes. J'ai toujours pensé que je méritais pas quelqu'un comme toi...

J'allais parler, mais il a mis la main sur ma bouche.

-Laisse moi continuer. Alors pendant le reste de ma peine, j'ai beaucoup réfléchi... j'ai commencé à ouvrir mes yeux comme tu me l'a souvent appris, (il a commencé à sourire en me regardant), j'ai commencé à remarqué des choses, à ressentir des choses que je n'ai jamais ressenties, j'ai vu des trucs qui m'ont secoué, j'ai fait connaissance avec des gens qui ont des opinions différentes des miennes… j'ai commencé à vivre la vivre un pas à la fois pour en tirer le meilleur. J'ai réalisé que je ne menais pas la vie que je voulais, mais j'ai trouvé la force de tout recommencer à zéro.

- Je suis fière de toi.

Il a commencé à sourire.

-J'ai demandé à Youness de m'amener un Coran en prison. J'ai même consulté la psy de prison. J'aidais chaque fois que je pouvais ! Je suis sorti plus tôt que prévu et bon… j'ai dis à mon daron que j'avais engagé un détective privé pour retrouver ma daronne, qu'elle se trouvait en Espagne et que je devais la retrouver. Je l'ai contacté et rencontré, elle s'appelle Samia et elle est mère de trois autres filles avec son mari. On s'est expliqué et elle s'est excusée… et tu sais quoi Leïla ? Même si c'est ma mère et que ça faisait des années et des années que je ne l'avais pas vu… tu sais à quoi j'ai pensé quand elle s'est expliqué ? À quel point je ne voudrais jamais faire vivre ça à un gosse ! Si j'ai un gosse, je vais l'aimer de tout mon guelb (cœur), je vais lui donner tout ce que mes parents m'ont pas donné… Inch'Allah ya Rabi !

J'ai baissé la tête, ses parents l'avaient bousillé émotionnellement…

-Un soir en Espagne, je regardais un film égyptien en noir et blanc, ceux qui sont graves déprimants et j'ai commencé à penser à ma grand-mère, elle kiffait trop les regarder ! Tu sais c'est drôle parce qu'elle m'a toujours dis… N'ignore jamais une personne qui t'aime parce qu'un jour tu pourrais te réveiller et te rendre compte que tu as perdu la lune (il met sa main sur ma joue) en comptant les étoiles...

Je lui ai fais un bisou sur sa fossette gauche.

-Je voulais te de dire merci d'avoir parler à mon père, il est différent avec moi.

-Quand?

-Quand tu lui as donné ça.

Il me montre le petit livre de poche : Ce que le jour doit à la nuit.

-Tu va rire, mais je l'ai lu et j'ai bien aimé haha

-Ca y'est Chemsdine Nasri devient sensible

Il retrousse le haut de son costard.

-Attention les gens vont nous entendre. En prison on m'appelait l'ours brun pas pour rien, t'inquiète.

-mdrrrr, mais n'importe quoi l'ours brun zehma, la peluche rose OUI

-Wallah tu as de la chance aujourd'hui que je suis de bonne humeur

J'ai commencé à sourire et lui il a commencé à rire.Bizarre.

- T'as quoi derrière la tête ?

-Je me demande comment t'es pas tombé tout à l'heure avec tes talons, avec des ballerines tu trouves le moyen d'être comme Mr.Bean

-Ça fait des mois que je me pratique, zehma entrée fracassante

-Guetlek (elle m'a dit) entrée fracassante. D'ailleurs les lacets de tes talons se sont défaits...

-Myriam m'a obligé de les porter tout à l'heure en plus

-Attends je vais les attacher, Leïla ne tombera pas aujourd'hui

Il s'accroupit devant et sourit comme un con devant mes lacets. Il les détache, mais ne les rattache pas.

- Je peux savoir ce que tu fais à fixer mes gros pieds ?

-J'en ai marre de t'appeler ma copine, ça te dit que je t'appelle ma femme même devant Dieu ?

Il dit ça avec son fameux sourire dans le coin et il sort une bague magnifique.

Je suis resté la bouche ouverte. Mon cœur battait à 100 mille à l'heure. Je l'aime ce bâtard !

-Leïla? Réponds ou je te jette dans le lac

Je prends ses mains.

-OUI

Il me met la bague au doigt et dit avec un sourire au coin:Bon il faut juste que ton padre (père) aille le même entrain que toi maintenant.

On est retourné ensuite à la salle des fêtes en rentrant 5 minutes d'écart de chacun.

Tout allait bien, je parlais avec ma tante Sabrina quand je vois Chems qui se dirige vers mon père.

Attendez, attendez, attendez, il lui parle, il lui serre la main et oh putain les deux me regardent.

Et là, je reconnais le sourcil haussé de mon père, ce n'est pas bon, ce n'est pas bon du tout.

Chems mets une main sur son cœur pendant qu'il parle et mon père a la main posée sur la chaise à côté de lui.

Mon père commence à se distancier en faisant un signe « laisse-moi ».

Je me dirige vers ma mère en vitesse et je lui explique ce qui se passe.

Elle me dit de rester où je suis et qu'elle va parler à mon père.

Chems est encore au même endroit et regarde ses pieds.

Mon père est en train de s'échapper quand Chems relève la tête, me regarde et accélère le pas vers mon père.

Oh non c'est pas bon signe.

Je vois ma mère, mon père et Chems en train de parler.

Ma mère faisait des grands gestes avec ses mains et mon père avait l'air énervé.

J'ai décidé d'aller les voir.

J'arrive vers eux et j'entends Chems qui dit :" S'il vous plaît Monsieur, avec tout le respect que j'ai pour vous, je vous en prie, écoutez-moi. »

Mon père remarque alors ma présence et j'angoissais à mort.

Mon père -Tu es au courant de ça toi ? Celui qui a battu l'autre fou veut demander ta main ?

J'allais avoir 23 ans dans 2 mois et il était temps que j'assume.

-Oui.

Mon père-Attendez, (il se tourne vers Chems), c'est pas par hasard que tu es allé en prison ? Tu l'as fais pour elle c'est ça ? Tout ce temps c'était pour elle ?

-Oui Monsieur...

La tension était palpable et c'est dans à moment-là que tonton MAMADOU a décidé de rentrer dans la conversation.

-Ey ho la famille

Le regard que mon père lui a fait...

Ma mère lui fait le signe genre non c'est mort vas t'en.

Il nous regarde tous.

Tonton Sammy nous rejoint en mettant un bras autour des épaules de mon père et un autre tout de ceux de Mamadou.

Tonton Mamadou remarque Chems et moi, le regard stressé de ma mère et les yeux noirs de mon père.

Il mets une main sur sa poitrine, il fait ça quand il est surpris !

-On aurait cru que 20 ans plus tôt avec Yasmine et (il commence à rire fort et de moins en moins plus il remarque nos têtes)

Mon père pousse légèrement Sammy et se dirige vers la sortie.

Ma mère-Yahay (je sais pas comment le traduire lool) Allez lui parler !

Mamadou et Sammy le suivent automatiquement sous le regard de ma mère.

Ma mère-Il a juste besoin de temps d'accord, il veut juste réfléchir tout seul

Chems prend son casque de moto à sa table et se dirige vers la sortie.

Je le suis rapidement en essayant de le rattraper.

-Chems attend

On était dans le stationnement et il était dos à moi.

Je le retiens en prenant son bras.

- Ne te décourage pas... mon père a toujours été comme ça, il est très protecteur !

Il se retourne.

-Leïla et si cette fois-ci c'était différent ?

-Mais arrête on sait pas

-Tu es sa seule fille en plus d'être son premier enfant, il a pas seulement une dent contre moi, mais contre mon père

- Il est juste sous l'émotion, arrête d'être négatif

Chems prend un grand souffle.

-Il y a deux ans, je me serais énervé et j'aurais hurlé que rien ni personne ne pourrait m'empêcher d'être avec toi... mais la c'est différent, je respecte tes parents... je voudrais que tu te mettes dos avec eux pour moi... tu as quelque chose de spécial, qu'est que j'aurais fait pour avoir une famille comme la tienne

J'ai baissé la tête.

- Donne-lui du temps...

-Je vais faire un tour

Chems est monté sur sa moto et il est parti.

Mon frère Seif m'a rejoint dans le stationnement et il est resté avec moi pendant le mariage.

Il me consolait en me disant qu'il allait parler à mon père.

J'ai fais semblant d'apprécier le mariage pour Myriam et Youness, mais le cœur n'y était pas.

Je suis rentrée chez moi et j'ai prié.

J'ai demandé à Dieu de m'aider et de me guider et je me suis endormie.

Le lendemain matin

Je descendais dans la cuisine et j'ai entendu une discussion qui venait du salon.

-Wiss tu sais très bien que si Ali avait pas fait le con, tu n'aurais ni Yasmine, ni tes enfants... même si t'es pas chaud à son idée, il t'a donné accès aux personnes que tu aimes le plus aujourd'hui

-En plus, je le connais le petit Chemsdine, c'est un bon garçon Wissem, demande à Sammy il n'est rien comme son père !

Tonton Sammy:Le nombre de fois qu'il a réparé ma voiture gratuitement sans se plaindre... il est honnête, il a un cœur blanc mon frère.

Mon cœur battait la chamade.

J'ai entendu des pas et j'ai couru vers le lavabo comme si je faisais la vaisselle.

- Sabah El kheir (Bonjour)

- Sabah El Nour (Bonjour)

- Alors tu l'aimes bien le garçon ?

Je me suis retourné avec les yeux grands ouverts.

- Euhh..

Je tremblais de partout et je bégayais. Je savais pas quoi dire.

-Tu lui dis de m'appeler cet après-midi d'accord ?

Chems a appelé mon père, ils ont pris un câfé. Apparemment, ça s'est bien passé et parce que deux semaines après Chems est venu à la maison avec son père, son oncle Sophiane et la femme de son oncle qui s'appelait Nora.

Tonton Mamadou et tonton Sammy étaient là aussi, comme d'habitude !

Je ne sais pas comment, mais tout le monde s'est comporté de manière civilisée. Ma mère n'est pas une grande fan d'Ali, mais elle m'a dit qu'elle l'avait pardonné, qu'elle s'était pardonné et qu'elle espérait que deux choses : qu'Allah les ait pardonnés et qu'Ali soit heureux.

Après la pluie, est venu enfin le beau temps !

La patience est une vertu les amies !

J'étais finalement fiancé à Chems et on voulait faire le mariage religieux, la fête ainsi que le civil dans 6 semaines, donc le jour de ma fête !

17.

Quelques jours plus tard

On était chez Youness et Myriam, je faisais le ménage pendant qu'ils étaient en voyage de noces, Chems regardait les salles de fête disponibles à l'aide de mon ordi.

Je passais le balai.

-LEÏLA VIENT ICI.

Je vais le voir.

-C'est qui ça Riadpak216 ?!

Riad !

Il m'avait envoyé un message sur skype.

-Bah c'est un ami que je me suis fait en Australie !

-T'en a plus besoin maintenant, moi je suis ton méga ami gueh (même)

- Mais tu vois, il m'a beaucoup aidé quand tu me manquais.

Il me regarde genre « qu'est qu'elle raconte celle-là ? »

Je m'assois à côté de lui et je lui explique tout.

Et sa première réaction c'est :

-Pakistanais, Tunisien et Australien, mais il a combien de parents lui ?

-MDRRRR T'es trop bête

-Je suis convaincu il t'a menti ! C'est un mec du bled, il sait que dire que one two three et c'est tout

- Il était dans ma classe d'anglais arrête

-Montre moi une photo

Il analyse la photo en mettant mon téléphone à deux millimètres de son visage.

Il plissait les yeux et toutr

-Il a les yeux bleus en plus ce bâtard

-Je te rappelle que tu as les yeux verts c'est encore plus rare

-Oui, mais toi tu kiffes les yeux bleus ça te fait penser à l'acteur turc qui me casse les couilles

-r tu parles de Kıvanç Tatlıtuğ ?

Il ignore ma question.

-Pff quoi d'autre ? Je suis sûre il parle l'anglais avec l'accent australien zebi

- Bah oui c'est sur mon chéri, Riad il est à moitié australien

-MLIH (BIEN) QUOI D'AUTRE ? Est ce qu'il te donne des biscuits et des fleurs quand tu es triste ? Il te réchauffe une soupe quand t'as un petit rhume ?

- T'ES JALOUX,dit-je en riant fort.

-Même pas, j'aime pas sa tête c'est tout

Je lui touchais les joues, il était trop mignon.

-Je m'en fou, je ne vais même pas lui dire qu'on va se marier, je vais le supprimer partout

Je ne voulais pas une autre situation à la Idriss.

Un problème que j'ai jamais eu avec Chems, ce qu'il n'a jamais eu d'amies filles mis à part sa tante ! Il disait qu'il voulait éviter les drames à tout prix et qu'il s'entendait jamais avec les filles.

Il a prit ma main et m'a dit : Si c'est vraiment ton ami, je vais lui parler alors, lui faire comprendre que cette Algérienne aux deux pieds gauches elle est à moi et malheureusement pour elle, elle peut plus faire marche en arrière !

J'ai commencé à sourire.

- Cette cheminée est à juste moi, qu'est que tu crois ? Tu ne peux pas faire marche en arrière aussi !

-Cheminée... pourquoi cheminée ?

-Bah parce que tu fumes beaucoup

Il était en train de défiler une page sur l'ordi en souriant.

-Ahh c'est finis pour moi la cigarette

-Goul (Dis) Wallah

-Wallah

- DEPUIS QUAND ?

-Depuis la prison

- Je suis fière de toi, je sais que ca dut être difficile

Je lui fais un gros bisou sur la joue.

Il avait un gros sourire au visage.

J'ai envoyé un message à Riad lui expliquant que maintenant j'allais me marier et que mon futur mari n'était pas chaud à l'idée qu'on se parle. Il m'a dit qu'il comprenait et qu'il respectait ma décision.

Moi non plus je n'aurais pas trop aimé que Chems parle avec une fille qui a des sentiments pour lui !

Le mois et demi s'est vite écoulé et le soir avant de se marier, il m'a appelé en urgence pour que je sorte devant chez moi parce qu'il avait quelque chose à me dire.

Je suis sortie en pyjama, anxieuse comme jamais.

Et vous savez c'était quoi son urgence ? Son père et sa belle-mère étaient partis en Algérie deux semaines plus tôt et Chems avait demandé à son père qu'il lui ramène quelque chose. Et ce quelque chose c'était un collier en or avec comme pendentif mon nom écrit en arabe. Comme vous le savez je l'ai perdu quand on est entré par effraction dans une maison.

-C'est pour la fois, où j'ai fait le con, je t'avais dit que j'allais me racheter un jour.

J'étais tellement heureuse, ce n'était pas le collier, c'était lui et son comportement.

Il me le met dans mon cou en me faisant un bisou, je le serre fort dans mes bras, je lui dis d'attendre et que moi ausssi j'ai quelque chose pour lui.

Je cours dans ma chambre, prends la boite dans mon placard et je retourne dans sa voiture.

Je lui tends, il l'ouvre et découvre son collier d'enfance.

-Je veux que tu le gardes Leïla.. mets-le aussi, comme ça Leïla et Chems sont toujours ensemble.

Je ne me suis pas retenue, je lui ai mordu la joue.

-Leïla lâche ma joue, sinon je commence à considérer la polygamie

- Je vais même pas me fâcher contre toi, je sais que tu le penses pas !

Le lendemain, le jour de ma fête, on s'est marié.

Le soir de mes noces.

Donc, Chems et moi on n'avait pas encore réglé la situation d'appartement encore, on hésitait entre deux endroits différents, donc pour nos nuits de noces, nos parents ont décidé de nous gâter et nous payer une semaine complète dans un hôtel 4 étoiles question d'avoir un peu d'intimité et d'être servi en tout temps.

Ce serait vous mentir de dire que je n'ai pas pensé à justement le fameux moment de tendresse après le mariage et ce n'est pas que je ne le désirais pas, mais je n'étais pas prête... peut être si je ne mettais pas fais violé ça aurait été différent, mais j'avais peur et ça me stressait.

On est arrivés à l'hôtel et on a sauté sur notre énorme lit comme des gosses.

Je suis allé me changer.

J'ai mis une camisole et un bas de pyjama. Mon cœur battait vraiment fort...

Quand je suis sorti de la salle de bain, il était torse nu avec son pantalon noir classe.

Il est allé ensuite prendre sa douche et moi j'en ai profité pour me glisser dans le lit.

J'ai vu une boîte de chocolat et je me suis dis oh ça y'est ! Mange ça comme un animal, fait toi plein de tâches, il va se dire ma femme est pas sexy, il va dormir direct.

Je suis bien assuré de mettre du chocolat sur les dents, partout autour de la bouche et sur ma camisole.

Il sort de la douche tout beau, tout propre.

Il arrive devant le lit et me regarde avec des grand yeux.

-PUTAINR VOILÀ POURQUOI JE ME SUIS MARIÉ AVEC CETTE MEUF, MÊME PAS UNE JOURNÉE, ELLE ME FAIT DÉJÀ RIRE AVEC SES DENTS DE CHOCOLAT

—PLAN ÉCHOUÉ : essai 1 —

Il rentre dans le lit et m'embrasse.

-Chocolat au lait sisi

Je lui souris en espérant qu'il voit mes dents et qu'il soit dégoûté de moi.

-Hbiba rappelle moi de t'acheter une brosse à dents

— PLAN ÉCHOUÉ : essai 2 —

- Je te conseille pas de dormir avec moi, pendant la nuit je sue tellement on m'appelle les chutes de Niagara

-C'est bien on est deux, on se retrouve bien, koulchi bel mektoub hehe

– PLAN ÉCHOUÉ : essaie 3 —

- Mais je ronfle grave fort, mon nez fait un bruit de flute

-J'aime bien la flute, ça va m'aider à dormir

—PLAN ÉCHOUÉ : essai 4 —

Il avait son putain de sourire dans le coin.

Je roule des yeux et je ferme la lumière.

Il s'approche de moi en mettant ma main sur hanche et l'autre sur ma joue.

-Je sais ce que tu essaies de faire, t'inquiètes je vais rien tenter tant que t'es pas prête

On se regardait dans la pénombre, c'était vraiment quelqu'un de beau et de spécial.

-Je reviens je vais me brosser les dents et me changer de camisole haha

-Ahh non moi qui kiffais tes dents brunes

Je lui fais un regard noir.

3 minutes plus tard, je le rejoins.

Je reprends ma place et on se regarde sans rien dire

- À quoi tu penses ?

-Si je te dis tu vas me trouver imbécile...

-Je te trouve déjà imbécile

Il me fait une petite tape.

-Je rigole vas — y

-J'ai peur de pas être assez... Un pas assez bon mari, un pas assez bon père Inch'Allah

Quand il a dit père, j'ai un sentiment inexplicable. C'est à ce moment-là que je réalisais la chance que j'avais de l'avoir comme mari, c'était l'amour de ma vie et je l'avais juste pour moi.

- Pourquoi tu dis ça ?

-Parce que j'ai pas appris c'est quoi, j'ai pas eu de famille normale...

- Je suis convaincu que tu vas être un père merveilleux... c'est toujours ceux qui ont le moins, qui donne le plus

Il m'embrasse et me tient fort contre lui.

-Qu'est qui te tracasse ? C'est Le faire avec moi ?

J'ai pas répondu et il a compris que ça me stressait plus ce qu'il imaginait.

-J'ai plein de défauts, mais sah je suis patient et je veux juste qu'on soit bien... je veux pas que ça te stresse. Je te jure qu'on fera rien tant que tu n'es pas prête. Viens on regarde un dessin animé pour nous détendre.

Il a mis « Bobs burger » à la télé, on aime beaucoup cette émission et j'aimais trop ça le voir rire et sourire. Je le regardais plus lui que la télévision.

Il avait un charme de fou. Il avait son bras autour de moi et j'avais ma tête sur son torse... c'était parfait.

J'ai fini par m'endormir.

-Moment intime-

On a passé une semaine à l'hôtel et l'avoir près de moi 24 sur 24 après 2 ans et même un peu plus de séparation, c'était vraiment un rêve qui se réalisait.

On avait fait les fous et on avait trop profité du service de chambre.

Par contre, on n'avait pas encore consommé le mariage, mais j'étais vraiment de plus en plus à l'aise avec lui physiquement et nos baisers et la manière dont il me touchait la nuit devenaient de plus en plus intenses et sensuels.

Il était vraiment patient avec moi, je sentais son désir pour moi qui ne faisait que s'accumuler et s'agrandir et c'était réciproque, mais la peur et le traumatisme prenaient le dessus.

Mais un jour, je me suis donné à lui, au fait j'ai carrément sauté sur lui et c'est l'histoire que j'ai l'intention de vous raconter aujourd'hui.

Alors, ça faisait deux semaines qu'on habitait dans l'appartement qu'on avait payé. Il se trouvait au centre-ville, près de mon emploi dans et près de son garage.

Tout allait bien sauf que le seul problème c'est que je n'avais pas l'impression que Chems savait c'était quoi être marié avec une fille, avec MOI.

Soit il essayait trop de faire son romantique, ce qui ne colle pas avec nos deux personnalités... parce que vous nous avez vus, on a rien d'extravagant dans notre couple depuis le début lool.

Il essayait de faire des crêpes en cœur et j'insiste sur le mot essayait et il amenait des fleurs à la maison, mais j'ai horreur de ça et il l'a toujours su.

Ou soit il agissait comme s'il habitait seul et foutait la pagaille sur son chemin, limite il mangeait des repas complets dans le lit, laissait l'assiette sur la table de cheveu et je ne parle même pas des miettes partout.

Je l'aime à en mourir, mais je ne comprenais pas son comportement.

Mais, le jour et la nuit ont fini par trouver un terrain d'entente.

Bref, c'était un mercredi, je me lève et je fais ma routine habituelle. Chems dormait encore et pendant que je m'habillais je le regardais avec un œil suspect.

Il agissait vraiment bizarrement. Chems à la base c'est pas quelqu'un de très téléphone, il n'y accorde jamais tant d'importance et c'est rare les fois où je vois qu'il a l décence de répondre à un message.

MAIS ces trois derniers jours, il était toujours occupé par son phone. Je voyais ses pouces trafiquer sur son écran et au début je croyais être folle jusqu'à tant que Myriam est venue nous rendre visite. Elle m'a fait le commentaire qui trottait dans ma tête et par la même occasion, elle m'a fait remarquer que lorsque j'étais dans la pièce, il tournait son écran de manière à ce que je ne puisse pas voir ce qu'il fait.

Ca y'est, ce soir je vais bien le confronter.

Je vais au bureau et la journée se passait de manière normale. Vers 17 h, je sors vers ma voiture et je vois Youness sur mon capot.

Dès qu'il m'a vu et il a commencé à sourire.

-Si c'est pas Madame.Nasri en chair et en os ?

Il me fait un câlin direct.

- Ça va ? Qu'est que tu fais ici ?

J'étais contente de le voir, mais j'étais surtout fatiguée et énervée contre Chems.

-Je voulais t'inviter à manger, ça fait longtemps

- Aujourd'hui ?

-Ouais maintenant même

Je voulais juste m'allonger chez moi. Vous savez ses journées où vos pieds n'en peuvent plus ?

-You je suis crevée !

-Allez ! Toi et Myriam vous sortez tous le temps, je te vois jamais

Je trouvais ça louche parce que Youness il était trop occupé pour se permettre d'avoir le luxe de sortir, il me l'a dit des centaines de fois.

Je finis par accepter et on a mangé. Mais Youness prenait trop de trucs et en plus il prenait tout son temps. Il avait pris 4 entrées, un repas principal et deux boissons différentes. Il m'a surpris quand il n'a pas voulu de dessert.

-Mais Myriam te nourrit pas ou t'as fais le ramadan aujourd'hui ??

-Mais non tranquille, je mange comme ça tout le temps

-Mouainn

Il y avait un truc qu'il préparait un truc, il était louche.

Quand on a finis, on est sorti du restaurant.

-Leïla vient on va manger un dessert dans la crémerie de mon oncle !

- Attends, t'as encore faim ?!

-Bah ouais

-Youness il est déjà 19 h, t'as passé 2 h à te goinfrer

-Et alors ? Comme ma mère, elle dit souvent : Le dessert va fondre entre les morceaux.

-...

-De toute façon, pourquoi tu veux rentrer ? Euh... je veux dire tu sors jamais, reste avec moi !

Je le scrutait en plissant des yeux.

Je suis allé dans la crémerie de son oncle, j'ai pris un petit cornet par respect et Youness prenait trop de temps pour se décider, pour manger et n'arrêtait de parler à tous les employés.

Il était 20 h passé et je voulais retrouver mon lit.

-Youness, Wallah je suis fatiguée, je veux rentrer

-Euhh attends, Mymy voulait que tu passes à la maison, elle... elle est grave malade

- Mais depuis quand ? Je l'ai vu avant hier !

-Justement depuis qu'elle est revenue de chez toi, elle tremble et tout

Mais c'était plus que bizarre.

On arrive chez eux 20 minutes plus tard.

Quand on rentre, j'attends dans le salon et j'entends Youness se dirigeait vers leurs chambre.

Je vais dans le couloir et j'entends toute leur discussion.

- Mais t'es sérieux ? Tu lui as menti pour que Chems fasse sa connerie la ?

-Juste fais semblant d'être malade, je dois être sure qu'il a finis avec...

Je cours vers la porte d'entrée et je rentre rapidement dans ma voiture.

JE VAIS LE POIGNARDER LUI ET LA FILLE.JE VAIS LA POIGNARDER EN PREMIER PARCE QUE JE VEUX QU'IL ME VOIE LA POIGNARDER ET ENSUITE JE LE TUE.

15 minutes j'arrive, je cours jusqu'à mon entrée, je prends l'ascenseur en attachant mes cheveux.

Je comprends qu'il voulait faire l'amour, mais il a juste attendre un peu à la place de me tromper comme un imbécile.

Arrivée à mon étage, je tourne la clé dans la serrure et je pousse la porte.

Je vois de la lumière provenant de la cuisine.

J'arrive devant la porte et je crie : OÙ EST LA PU...

Et c'est là que je détecte l'odeur de brulé dans l'air.

Il y a Chems qui me regarde avec les yeux choqués, il avait les cheveux complètement en bataille et ses vêtements étaient complètement tachés.

La cuisine était dans un état horrible.

- Qu'est que tu... qu'est que tu fais ?

Je respirais fort et lui aussi.

Il avait un moule à gâteau dans les mains.

-J'ai essayé de faire un gâteau

-... pourquoi ?!

-Pour... pour... je suis nulle... je sais même pas comment rendre ma femme heureuse

C'est là que j'ai enfin compris son comportement depuis quelques jours. Il voulait me faire une surprise et essayait de planifier.

Je me suis approché, j'ai enlevé le moule de ses mains, j'ai pris sa main, j'ai fermé la lumière et je l'ai dirigé vers notre chambre.

Il s'est assis sur le rebord du lit en regardant le sol. Je suis allé chercher deux serviettes et je me suis assis à côté de lui.

-Chems je me suis marié avec toi parce que tu me complètes. Je veux jamais que tu changes, parce que même quand tu m'énerves, tu trouves un moyen de me faire rire ! Pendant que tu étais en prison et tu sais quand tu fais des rêves dont tu as complètement le contrôle ? Je commençais à penser fort et je disais « je veux voir Chems » parce que je me disais si je peux le voir dans la vraie vie, je veux le voir dans mes rêves. Je te le jure. Tu n'as besoin pas d'être hyper romantique ou d'agir comme si tu étais mon ami, je veux juste Chems et c'est ça qui me rend heureuse.

Je lui donne les serviettes.

- Va prendre ta douche mon cœur ça va te faire du bien...

Il s'est levé, il a enlevé son chandail et j'ai eu une vague de chaleur intense.

Je le dis presque jamais, mais Chems, il est... magnifique.

Ses yeux verts, sa peau bronzée, son torse musclé, ses fossettes, sa longue barbe, ses lèvres...

Il est parti sous la douche et c'est là que je me suis dis : Okay sors tes plus beaux sous-vêtements, j'étais enfin prête !

J'ai mis mes sous-vêtements en dentelles de couleur pêche. J'étais assise devant ma coiffeuse à brosser mes longs cheveux et il est sorti de la salle de bain avec ses cheveux mouillés. Il avait sa serviette blanche autour de sa taille.

Quand il m'a vu, il avait les yeux pétillants et je me suis approché de lui.

Il a tout de suite mis une main sur ma taille et l'autre agrippant fortement ma fesse droite en me faisant des bisous passionnés dans le cou.

Le désir explosait la pièce.

Je lui ai embrassé l'oreille et j'ai fais tomber sa serveillette.

Et le reste, vous savez déjà.

---

3 ans ont passés cet évènement important et Chems et moi avons trouvés cette balance dans notre couple.

Notre vie à deux allait bien, vraiment bien. Mais bon, pas deux sans trois non ?

L'histoire d'aujourd'hui est importante parce qu'elle a changé nos vies pour toujours.

Chems et moi avons été invités à un grand souper pour célébrer le mariage de... mon frère !

Aymen s'était marié eh oui !

À 25 ans, mon bébé s'était déjà casé, d'ailleurs de nous trois c'est lui qui n'a pas connu les tracas.

Tellement doux de nature, je m'inquiétais pas pour sa femme.

Elle avait invité tout le monde, même le père d'Ali et quelques oncles et cousins de Chems.

J'ai été aussi surprise que vous, mais ma mère voulait vraiment qu'on soit tous unis ensemble.

Je mettais ma robe et je vois Chems encore dans le lit en train de traîner.

-Chems, tu t'habilles pas ?

-On y va pas, je sens déjà les problèmes d'ici

- Oui et quand ma mère m'aura tué c'est qui qui va te faire à manger ?

-Moi je te propose qu'on fait des bébés ici à la place et on dit à ton frère qu'on n'a pas vu le temps passer, il va rien dire c'est sûr

-Il va ne rien dire parce qu'il va être dégoûté, tu viens de la jungle toi lool

Il grogne et mets sa chemise noire.

40 minutes plus tard on était devant la maison de mes parents.

Je mets ma main sur son bras.

- S'il te plaît, surtout ne commence pas à argumenter contre ton père avec le mien

-Mhmm hmm

- Pourquoi je suis pas convaincue ?

-T'inquiète je vais voir Seif en premier

Ah oui ! Lui et Seif, c'est une longue histoire d'amour.

Chems et lui s'étaient plus que des meilleurs amis, il me disait toujours à la maison : c'est le petit frère que j'ai jamais eu !

C'est vrai qu'il se ressemblait un peu en termes de personnalité. Chems m'a toujours dit : j'aime beaucoup Aymen, mais Seif c'est mon gars !

Au moins je sais qu'avec Seif, il n'en fera pas trop des conneries.

On est rentrés et on a donnés la bise à 6000 personnes. Je voulais me laver les joues après ça ! Chems serrait les mains, il détestait les contacts physiques en général et comme moi c'était ma famille, je ne pouvais pas m'échapper.

Chems s'est éclipsé et je discutais avec la famille.

Après 30 minutes de « bonjour, comment ça va ? Comment va la famille, etc. », j'ai décidé de chercher Chems.

C'est là que j'ai croisé mon beau père, Ali tout seul.

On s'est fait la bise.

-Alors ça va bien avec Chemsdine ?

-Ça va très bien

Ali:Il range et tout ?

- Oui je lui ai appris beaucoup en termes de ménage.

Il a commencé à sourire.

-Et c'est pour quand le petit ?

J'ai commencé à rire juste en imaginant Chems changer une couche.

- Pas de sitôt !

On a continué de discuter et quelques minutes plus tard, j'ai décidé de chercher le principal intéressé Chems.

Il était dans la chambre de Seif en train de regarder un livre.

-Ah c'est là que vous vous cachez ! Qu'est que vous faites ?

Je m'approche et je fais un bisou à mon frère.

Vous savez ce qu'il était en train de regarder ? Un de ses manuels de médecine, c'était l'image de l'intérieur d'un estomac, c'était dégueulasse.

Je me suis automatiquement reculé.

- Mais vous êtes sérieux ? Y'a une fête et vous regardez un estomac ?

-Écoute c'est déjà mieux que de parler du vieux gâteau qu'on a mangé au dernier mariage ! Seif montre voir !

Il tourne une page alors que moi j'essaie de cacher mes yeux.

- Y'a une patiente, elle est venu avec ça, y'avait plein de pue en plus

-Oh putain !

Ca faisait quatre ans que Seif étudiait en médecine et j'étais tellement fier de lui.

Le truc, c'est que je m'inquiétais pour Seif, il voulait rien savoir de mariage et j'avais toujours l'impression que malgré ses blagues et ses longs rires, qu'il se sentait seul, mais qu'il ne voulait pas l'admettre.

Après ma mère nous a appelés pour manger. En allant vers la salle à manger, j'ai commencé à me sentir bizarre. Putain à ce moment-là je regrettais d'avoir manger avec Myriam dans le nouveau restaurant au centre-ville.

On s'assoit et Chems me demande si je vais bien parce que j'avais un teint de malade.

Je lui dis qu'oui tout va bien.

On mange la soupe et je remarque la belle femme d'Aymen. C'était une Colombienne kabyle.

Plus je mangeais, moins je me sentais bien.

Arrivée au plat principal, il y avait plein de choix, mais il y avait un énorme poulet au centre de la table.

L'odeur qui émanait de la nourriture me donnait des chaleurs. Je ne me sentais pas bien du tout.

-Je voudrais donner l'honneur à Leïla de couper le poulet

- Hein... euh pourquoi pas Chems ?

Ma mère me faisait des gros yeux. Je commençais à la voir double. J'allais m'évanouir.

Elle me tend le couteau et je m'approche du poulet.

La nausée montait en moi et dès que je mets le couteau dans le poulet je voimis.

Tonton Mamadou-NOOON PAS LE POULET LEÏLA NOOOOOOON

Probablement le moment le plus embarrassant de ma vie, je vous laisse imaginer tous les regards sur moi.

Ma mère a couru chercher une serviette, pour moi, j'imagine. J'ai quitté la table pour aller aux toilettes.

J'ai vomi une seconde fois, j'ai lavé mon visage et rincé ma bouche. Mes yeux étaient vitreux et rouges.

On cogne à la porte.

: Leïla c'est moi, ouvre.

C'était Chems.

J'ouvre et il me regardait avec inquiétude.

-Tu devrais aller voir Seif pour voir ce que t'as

-Non je sais que c'est que j'ai mangé cet après-midi...

-T'es sûre ? Myriam a l'air okay pourtant...

- Je veux juste rentrer...

Mes parents et mes frères nous ont rejoints et je leur ai dit que j'étais vraiment désolé.

Chems et moi on est sorti par la porte de derrière et pendant tout le trajet, il n'arrêtait pas de me regarder.

Arrivés à la maison, il a pris ma douche avec moi. Il avait peur que je m'évanouit, il m'a même aidé à laver mes cheveux.

Le lendemain matin, je me suis levé en vomissant encore une fois.

Chems a été réveillée par le bruit.

-Bon ça suffit, on va voir aller à la clinique, je rigole pas

Après 2 heures d'attentes, le médecin m'a fait un test sanguin.

On a attendu quelques instants pour connaître le verdict.

Je m'en souviens comme si c'était hier.

Il était assis sur une chaise contre le mur. Il portait son chandail gris à manches longues que j'aime tant avec son jean et ses souliers noirs.

Ses beaux yeux verts perçants, sa barbe parfaite et sa coupe de cheveux digne d'un footballeur.

Le médecin fait son entrée et ferme la porte.

–Tout va bien Madame, mais bonne nouvelle vous êtes enceinte, de deux mois maintenant !

J'entendais que le battement de mon cœur et rien d'autre.

C'était plus fort que moi, j'ai eu des larmes de joie qui coulaient.

Chems s'est levé et il s'est mis devant moi. Il avait les larmes aux yeux, il a pris mon visage entre ses mains et m'a embrassé le front.

Il s'est abaissé et il a embrassé mon ventre

-Al hamdoulilah

Quelques mois plus tard, on a découvert qu'on avait un petit garçon.

Chems m'avait dit de nombreuses fois que s'il avait eu une fille, il l'aurait appelé Zarah, par rapport à sa grand-mère Allah y rahma.

Mais on avait un garçon, alors on a masculinisé ce nom et on a décidé de l'appeler Zayn.

Ce qui signifie beauté en arabe.

Et un jour de février, Zayn est né et depuis ce jour, Chems ne l'a jamais lâché.

Chems m'a prouvé être le meilleur papa au monde.

Il était tellement protecteur envers Zayn et ses yeux s'illuminaient chaque fois que notre bébé souriait.

D'ailleurs,Zayn portait bien son nom parce qu'il avait des grands yeux noisette et une fossette à sa joue droite.

Ce qui m'a le plus surpris c'est que quand Zayn pleurait dans la nuit et que lorsque j'étais complètement défoncée, je n'avais pas besoin de secouer Chems et le supplier d'aller le voir, il le faisait tout seul.

Les premiers pas de Zayn furent un moment historique à la maison.

Mais son premier mot... ça, c'est quelque chose de très spécial surtout pour Chems.

C'était un lundi. Déjà c'est le calvaire parce que c'est lundi. Personne n'aime le lundi.

J'étais en retard, je courrais partout et le bébé pleurait.

Chems était en état de zombie et essayait de comprendre pourquoi Zayn pleurait.

C'est là qu'il a compris que c'était la couche qui était pleine!

Chems allonge Zayn et commence à lui enlever la couche.

Mais au moment où il fait ça, Zayn commence à faire pipi, mais vraiment partout.

Moi je n'avais pas remarqué ce qui se passait alors j'ai encore moins vu la petite flaque quand je courrai.

Me voilà par terre le haut et le bas tâché de pipi, Chems le cou et le visage aspergé de pipi. Je voulais pleurer.

Et dans ce moment de désespoir et de dégoût total, Zayn a dit : Papa.

À ce moment précis, j'ai vu quelque chose dans les yeux de Chems, je crois que c'est à cet instant qu'il a réalisé qu'il aimait Zayn inconditionnellement .Sa vie avait prit un réel sens à cet instant.Il a vu qu'il pouvait créer du bien et je l'ai vu aussi se sentir soulagé.

Il n'arrêtait pas de dire je t'aime à moi et à Zayn.

2 ans plus tard, j'ai encore été enceinte d'un garçon. Chems était doublement content. On l'a appelé Anas.

Il ressemblait beaucoup à mon père physiquement.

On a décidé d'acheter une belle maison à la naissance d'Anas.

Enfin, 2 ans après le déménagement, on a eu notre petite princesse qui ressemble énormément à son père, Dalia Zarah Nasri.

On a eu la chance d'avoir trois beaux enfants en santé, Al-ḥamdu lillāh.

J'aime profondément le père de mes enfants et il est devenu l'homme qu'il a toujours voulu devenir, c'est-à-dire quelqu'un qui est toujours là pour sa famille, parce que c'est ça le plus important.

Chemsdine et Leïla s'étaient écrit.

Je sais que peu importe ce qui se passe, on se retrouvera et on formera une éclipse.

Il est mon soleil, ma lune et mes étoiles pour toujours et à jamais.

-Leïla

CPSIA information can be obtained
at www.ICGtesting.com
Printed in the USA
LVHW021319031222
734485LV00013B/955

9 781837 612000